FERNAND GIRAUDEAU

L'EMPIRE

« L'idée napoléonienne ne procède
pas par exclusion, elle procède
par réconciliation. »

NAPOLÉON III.

PARIS

E. DENTU ÉDITEUR

PALAIS-ROYAL, 15, 17 ET 19, GALERIE D'ORLÉANS

1884

L'EMPIRE

Paris-Imp PAUL DUPONT 41, rue Jean Jacques Rousseau — 2279.8.84 R

FERNAND GIRAUDEAU

L'EMPIRE

> « L'Idée napoléonienne ne procède pas par exclusion ; elle procede par reconciliation. »
>
> Napoléon III.

PARIS

E. DENTU, ÉDITEUR

LIBRAIRIE DE LA SOCIÉTÉ DES GENS DE LETTRES

PALAIS-ROYAL, 15-17-19, GALERIE D'ORLÉANS.

1884.

A Son Altesse Impériale

Monseigneur

Le Prince **VICTOR-NAPOLÉON**

Pour la troisième fois, dans des conditions particulièrement favorables, la République a fait ses preuves d'impuissance. Jamais elle ne s'assoira chez nous comme un gouvernement stable, régulier, définitif. Tout le monde le comprend aujourd'hui.

On ne se demande plus si elle durera : on se demande quel est le régime qui la remplacera.

A cette question nous répondons :

L'Empire !

Convaincu que la France ne saurait s'épanouir, se fortifier, se relever sous la forme républicaine, nous croyons non moins fermement que la seule monarchie dont elle puisse désormais s'accommoder, c'est la monarchie impériale.

Pourquoi ?

C'est ce que nous nous proposons d'examiner,

I

LE PRINCIPE DE L'EMPIRE

La politique n'est pas la recherche de l'absolu (1).

Vouloir appliquer à un pays les institutions qu'on estime les meilleures, sans tenir compte de son tempérament, de ses instincts, de ses qualités et de ses défauts, c'est faire œuvre d'idéologue.

Autant vaudrait imposer à toutes les tailles des vêtements coupés à la mesure de l'Antinoüs ou de l'Apollon du Belvedère.

Qu'on l'estime heureux ou funeste l'avènement de la démocratie en France est un fait contre lequel on ne saurait réagir (2).

(1) « La politique n'est pas la recherche de l'absolu ; c'est un compromis perpetuel entre le mieux et le bien, le bien et le mal, souvent entre un mal et un autre mal. » BURKE. *Lettres sur la Révolution française*.

(2) « Que la transformation d'une société aristocratique en societe democratique soit lente ou prompte, violente ou paisible, cette transformation n'en est pas moins inévitable et, de plus, irrévocable une fois qu'elle est accomplie... On verrait plutôt un fleuve remonter vers sa source qu'on ne verrait une

Un homme d'État anglais, constamment préoccupé de la question d'Orient, disait : « Avec ceux qui ne reconnaîtraient pas, à *priori*, la nécessité de maintenir l'intégrité de la Turquie, je refuse de discuter nos affaires étrangères. » Nous sommes tenté de dire, en l'imitant : avec ceux pour qui la prédominance de l'esprit démocratique dans la société française est un fait contestable, secondaire ou transitoire, nous renonçons à discuter nos affaires intérieures. Nous respectons leur illusion, nous les laissons s'y complaire : nous ne nous adressons qu'aux autres, — qui forment assurément l'immense majorité du public.

Si l'on ne peut chasser la démocratie du rang qu'elle occupe, on ne peut songer davantage à briser l'instrument de son émancipation : le suffrage universel.

On médit beaucoup, dans les classes élevées, du suffrage universel. Contrairement au préjugé commun, nous croyons et nous chercherons plus loin à prouver qu'il est la ressource suprême des intérêts conservateurs.

Mais, que nous ayons tort ou raison sur ce point, que le suffrage universel soit pour la Révolution un adversaire ou un allié naturel, on doit désormais compter avec lui.

Depuis trente-cinq ans qu'il existe, il est profondément entré dans nos mœurs. L'ouvrier, le paysan

société démocratique refluer vers l'aristocratie. » Prevost-Paradol. *La France nouvelle*.)

« La démocratie n'est pas une théorie ni une institution qu'on établit et qu'on renverse, c'est un état de la société sorti de l'histoire des peuples et de la nature des choses, la conséquence d'un mouvement industriel et intellectuel qui, en donnant aux masses la conscience de leur force, leur a appris, en même temps, à s'en servir. » (E. Scherer.)

n'usent pas toujours de leur droit électoral : on aurait tort d'en conclure qu'ils y soient indifférents et qu'on pût le leur ravir aisément. Supposons qu'un pouvoir, sorti d'une crise violente, se crût assez fort pour frapper ce grand coup : il se trouverait bientôt dans une atmosphère de haine où il ne pourrait vivre. Le parti qui promettrait au peuple de lui rendre le bulletin de vote serait bientôt le maître du pays, et la révolution, qu'on aurait cru étouffer ainsi — renaîtrait spontanément à la première occasion... Le suffrage universel y est, il y restera : il faut en prendre son parti et tâcher de s'entendre avec lui (1).

La Royauté, la Royauté parlementaire surtout, le peut-elle ? Évidemment non : entre elle et la démocratie il y a une incurable défiance, une véritable incompatibilité d'humeurs. Elle redoute, elle ne subirait qu'à contre-cœur l'intervention des masses dans le gouvernement du pays : elle ne veut même pas leur devoir son investiture.

Son principe, ce principe dont elle proclame si haut la vertu, ne lui donnerait aucune stabilité.

Ce principe sauveur, que les royalistes nomment la tradition ou le droit divin, qui pourrait seul, à les croire, panser nos plaies et fermer l'ère des révolutions, — qu'est-ce donc, après tout?

___

(1) Comment pourrait-on se flatter, chez nous, de remonter ce courant, quand l'Europe entière comprend la nécessité d'y céder. Partout, par une extension progressive du corps électoral, on se rapproche du suffrage universel. En Allemagne on y est presque arrivé deja. L'aristocratique Angleterre elle-même va accorder le droit de vote à deux millions d'électeurs nouveaux. S'il y a désacord sur ce point entre la Chambre des Lords et celle des Communes, le desaccord ne porte que sur une question de procédure. Les torys, s'ils arrivaient aux affaires, réaliseraient eux-mêmes cette réforme.

C'est tout simplement la longue possession.

Quand elle se continue, sans interruption, pendant des siècles, la possession confère à la dynastie qui en jouit, sinon le droit imprescriptible, du moins la situation morale du légitime propriétaire.

Au moment d'arracher le tronc qui y est rivé par des racines séculaires, la Révolution saisie, malgré elle, de respect pour cette œuvre du temps, doit hésiter.

Mais une possession trois fois interrompue dans l'espace d'un siècle n'est-elle pas un titre bien précaire? L'arbre trois fois déraciné par elle intimide peu la cognée révolutionnaire. C'est ce que Chateaubriand voulait faire entendre quand il définissait la Restauration : « Un chêne replanté trop vieux pour qu'il prît racine. »

Ce droit, déjà contestable avant la mort de M. le comte de Chambord, ne l'est-il pas infiniment plus aujourd'hui?.. Comment le bénéfice de la longue possession serait-il acquis au descendant de Louis-Philippe Ier et de Philippe-Égalité? Comment M. le comte de Paris pourrait-il invoquer à son profit cette tradition que les siens ont brisée ?

Après la révolution de juillet, les légitimistes estimaient qu'en signant le pacte du 9 août 1830 Louis-Philippe était sorti, à jamais sorti avec les siens de la Maison de France : cette situation que l'acte solennel du 9 août avait créée, une réconciliation de famille a-t-elle pu la modifier radicalement? Que M. le comte de Chambord, voyant s'éteindre en lui sa grande race, ait accueilli son jeune cousin comme une sorte de dauphin adoptif, nous l'admettons ; mais il n'était pas en son pouvoir d'en faire son héritier légitime, le dépositaire du droit traditionnel ;

et il paraît aujourd'hui démontré qu'il s'en rendait fort bien compte.

Que devient donc, au milieu de toutes ces vicissitudes le principe de la Légitimité ?

Supposons pourtant ce titre aussi valide qu'il nous paraît précaire : — on nous accordera du moins qu'il repose sur une idée bien abstraite; qu'il faut, pour en apprécier la valeur, une certaine culture intellectuelle. Vouloir faire accepter aux masses un régime qui n'aurait pas leurs sympathies par l'unique considération que ce régime a derrière lui une longue carrière et qu'il faut renouer la chaîne des temps, leur persuader qu'une race doit régner aujourd'hui par cela seul qu'elle régnait au dixième siècle, c'est leur demander un effort impossible, c'est leur parler un langage qu'elles ne sauraient comprendre.

Admettons cependant encore que la monarchie traditionnelle s'impose à leur indifférence : — quelles garanties particulières de stabilité nous offrirait-elle ? Son principe, nous dit-on, peut seul ramener parmi nous la concorde : que ne l'a-t-il fait plus tôt?... Son principe peut seul fermer l'ère des crises révolutionnaires : pourquoi donc l'a-t-il ouverte ?

Ne régnait-il pas en 1789, quand la Révolution est née ; — et en 1830, quand elle a reparu ?

La Révolution de 1789 a été provoquée par les classes élevées ; la Révolution de 1830 a été faite par les représentants de la classe moyenne, par une Chambre qu'avaient élue 96,000 électeurs : le principe qui ne put s'imposer à cette élite sociale s'imposerait-il plus aisément à notre société démocratique ? Le dogme abstrait de la légitimité qui n'a pas désarmé le cens restreint agirait-il plus efficacement sur le suffrage universel ?... Peut-on sérieusement l'espérer ? (1)

Non ; pour conquérir le cœur, pour frapper l'imagination du peuple, il faut une idée plus simple, plus claire, plus saisissante : telle est celle de la souveraineté nationale.

Celle-ci, les masses la comprennent et s'en imprégnent sans effort. Pour le régime qui est sorti de leurs entrailles elles ont une affection instinctive. Si ce régime est obligé de se défendre, même avec rigueur, contre les attaques d'une minorité dissidente, elles l'approuvent et l'appuient comme l'instrument de leur propre volonté.

Pour prouver que ce principe donne au pouvoir qui s'assoit sur lui une base solide, avons-nous besoin d'insister ? Les adversaires de ce principe ne l'ont-ils pas ingénûment confessé ? Ce qu'ils reprochent au plébiscite ce n'est pas de donner à ceux qu'il met ou maintient sur le pavois une autorité insuffisante ; c'est, au contraire, de leur donner une autorité trop forte. Ils le déclaraient nettement au mois de mai 1870 ; ils le répétèrent depuis, lorsqu'il fut question de soumettre au suffrage universel le choix du président de la République : « Ne renouvelons pas, dirent-ils, la faute de 1848 :

(1) Les royalistes qui défendent avec le plus de ferveur le principe monarchique ne paraissent pas avoir .eux-mêmes une confiance absolue dans son efficacité, puisqu'ils posent des conditions au Prince qui le représente à leurs yeux : « Il s'agit, écrit M. Jude de Kernaeret (le rédacteur de la déclaration d'Angers), de formuler avec précision d'une part les *destruenda*, d'autre part le *ædificanda*, sans lesquels une monarchie même légitime ne nous offrirait que des garanties insuffisantes. » Il ne suffit donc pas, à leur avis, d'installer *la monarchie*, il faut installer *une certaine monarchie* pour assurer le bonheur de la France.

un président élu par le pays serait trop puissant. »
L'aveu n'est-il pas suffisant?

Les légitimistes, qui considèrent aujourd'hui le principe de la souveraineté nationale comme la négation
même du droit monarchique, qui semblent y voir non
seulement une hérésie politique, mais une hérésie religieuse, n'ont pas toujours été de cet avis. — Ils estimaient jadis que la tradition brisée par la force en 1830,
ne pouvait être renouée par la force. Considérant la
volonté nationale comme la source du droit traditionnel,
ils pensaient que ce droit, loin d'être infirmé par une
manifestation du vœu populaire, y devait puiser au contraire une vitalité nouvelle (1). Peu après la Révolution
de Juillet, sortait des bureaux de la *Gazette de France* une
sorte de manifeste intitulé : « APPEL A LA FRANCE, *contre
la division des partis* », qui contenait et développait cette
proposition très nette : « La volonté nationale est la seule
autorité à laquelle les volontés des partis soient *subor-
donnés*... Le pouvoir public ne saurait *se refaire qu'à
son origine.* »

En 1835, le parti légitimiste crut, pendant quelques jours, que l'auguste enfant sur lequel reposaient
toutes ses espérances était mort : qu'eût-il fait si la sinis-
tre nouvelle se fût confirmée? Interrogés à cet égard, ses
journaux ne cherchèrent pas longtemps leur réponse. Ils
la trouvaient, disaient-ils, « à chaque page de notre his-

----

(1) « Tous les royalistes étaient alors avec nous. M. Berryer
lui-même adhéra a la demande du vote universel, puisqu'il redi-
gea sur le bureau de M. de Genoude une proposition pour réclamer les assemblées primaires. Toutes les *Gazettes* de province
furent fondées par les royalistes pour soutenir ces principes. »
(H. DE LOURDOUEIX. *L'Orléanisme, c'est la Révolution.*)

toire », et notamment dans le fameux édit de Louis XV, disant : « Si la maison royale venait à s'éteindre, il appartiendrait à la nation réunie *de choisir une nouvelle fois* ses chefs. »

L'attitude que les légitimistes, ou du moins la plupart d'entre eux avaient prise dès l'avènement de Louis-Philippe, ils la conservèrent après sa chute. Au lendemain de la Révolution de Février, la *Gazette de France* recommençait avec une nouvelle ardeur sa campagne plébiscitaire :

Nous n'avons cessé, pendant dix-sept ans, disait-elle, de demander la convocation de la France... Aujourd'hui nous n'avons qu'une chose à faire, c'est de prouver notre sincérité. Nous avons dit que nous ne voulions rien que par la Nation. Unissons-nous donc partout à ceux qui veulent que sa volonté s'élève au-dessus de tout... Cette volonté de la France, c'est la loi suprême... Soutenir que nous cherchons à introniser Henri V en dehors de la Nation et avant que le peuple ait été appelé à déclarer sa pensée sur les institutions de la France, ·c'est nous présenter comme des casse-cou politiques, des renégats du suffrage universel et de la souveraineté nationale, enfin comme des hommes qui parlent d'une manière et qui pensent d'une autre.

Mais la manifestation du 10 décembre ayant montré que l'épreuve qu'ils sollicitaient ne tournerait pas à leur profit, les légitimistes soumis à la volonté nationale perdirent bientôt leur ardeur et leur assurance. Cette doctrine, que M. le comte de Chambord avait d'ailleurs désavouée, fut peu à peu abandonnée par tous ses partisans. Lorsqu'à la veille du Plébiscite de 1870, la *Gazette de France* supprima son sous-titre, *Journal de l'appel au peuple*, et sa devise, *Tout pour le peuple et par le peuple*, ces mots ne constituaient plus depuis longtemps qu'un anachronisme menteur. Depuis long-temps la vieille ferveur de la *Gazette* pour l'appel au peuple s'était changée en mépris ; et ce que MM. de Genoude et de Lourdoueix considéraient comme « la loi suprême », leurs successeurs le nommaient « une jonglerie ».

En ces derniers temps les légitimistes ont été plus loin. Ne se bornant plus à contester l'opportunité, l'utilité d'un nouveau plébiscite pour confirmer le droit tradi-tionnel, ils en arrivent à représenter la souveraineté nationale comme un principe faux, funeste et condam-nable en soi-même, aussi contraire à « la tradition chrétienne » qu'à la « tradition royaliste ».

A l'égard de la « tradition chrétienne » nous pourrions invoquer de nombreuses et hautes autorités, depuis Bellarmin jusqu'à l'abbé Rohrbacher (1). Nous nous

---

(1) Dans son *Histoire universelle de l'Église catholique* (tome XIX), l'abbé Rohrbacher établit que les Français du XIXe siècle avaient usé de leur droit, tout aussi bien que ceux du Xe, en acclamant une nouvelle race de souverains ; que la dynastie na-poléonienne, fondée, comme les deux précédentes, sur le principe de la volonté nationale, s'était légitimement substituée à celles-ci et qu'attribuer à la monarchie capétienne une autre origine que le choix du peuple, c'est faire « un mensonge historique ».

— Dans le *Pouvoir politique chrétien*, du Père Ventura, publié à Paris en 1857, on lisait cette éloquente paraphrase du *Vox populi vox dei :*

« Comme toutes les mesures prises par la haine aveugle de la synagogue ne purent empêcher la puissance de Dieu de faire sortir son fils de la tombe, de même, toute proportion gardée, les arrangements de la diplomatie moderne n'ont pu empêcher la Providence de Dieu de relever l'Empire français de ses ruines... Ne faut-il pas être bien aveugle pour ne pas voir l'œuvre de Dieu dans l'ensemble de ces mutations si profondes?... En voyant la France, qui était descendue si bas, remonter tout à coup si haut, ne faut-il pas se révolter contre l'évidence pour ne pas conclure que tout cela a été opéré par le Dieu qui pro-tège la France, qui aime la France ? et ne faut-il pas être bien peu chrétien pour ne pas s'écrier avec le prophète : « Vraiment le doigt de Dieu est ici et cet immense changement est le pro-dige de la droite du Très-Haut. » M. Louis Veuillot recommandant

bornerons à rappeler deux faits, qui nous paraissent montrer plus clairement que tous les textes et toutes les dissertatations du monde si l'Église réprouve et considère comme illégitimes les gouvernements institués par la volonté nationale : c'est que Pie VII a sacré Napoléon Ier ; c'est que Pie IX eût sacré Napoléon III, si celui-ci eût cru pouvoir faire, sur certains points intéressant les rapports de l'Église et de l'État, les concessions réclamées par le souverain Pontife (1).

A l'égard de la « tradition royaliste », nous nous demandons sur quelle base première on la fera désormais reposer ? de quel nouveau principe on prétendra tirer le titre originel de la dynastie « légitime » ? Est-ce que le fondateur de cette dynastie est descendu du ciel ? Est-ce que l'investiture de 987 ne fut pas une première et éclatante manifestation de la souveraineté nationale ? (2) Puisqu'ils connaissent la « tradition royaliste » mieux que Louis XV, puisqu'ils n'admettent pas, comme celui-ci que la nation seule puisse pourvoir à la vacance du trône, que feraient donc les légitimistes de cette nouvelle école si la lignée de leurs princes venait à s'éteindre tout entière ? Attendraient-ils, pour se ranger derrière lui, qu'un nouveau pré-

cet ouvrage au public français dans une élogieuse préface, faisait remarquer « qu'un Français, même avec l'autorité de l'âge, de la science et du talent, n'aurait pas eu, du moins quant à l'apparence, l'impartialité que le Père Ventura tirait de sa qualité d'étranger. »

(1) On en trouvera la preuve très explicite dans l'ouvrage du marquis de Ségur sur son frère, chargé par l'Empereur de suivre cette négociation au Vatican.

(2) Le *Soleil* dit avec raison que l'assemblée de Noyon « équivalait à ce que nous nommons aujourd'hui le Suffrage Universel.» Ajoutons, à l'appui de ce que nous disions plus haut de la tradition chrétienne, que le président de cette assemblée était un prélat, l'archevêque de Reims.

tendant eût conquis la couronne à la pointe de son épée ? On a beau faire, on a beau dire, on a beau entasser les subtilités sur les arguties, si l'on conteste au peuple le droit de déléguer légitimement ses pouvoirs à un homme ou à une dynastie, on en est réduit à s'incliner devant le droit de conquête, c'est-à-dire devant la force... Préférerait-on ce *principe* à l'autre ?

Nous ne prétendons pas qu'un trône élevé par le pays lui-même soit à l'abri de toute épreuve. Nous ne dirons pas, comme le manifeste légitimiste de 1831 dont nous parlions tout à l'heure : « *Quel est donc le Français qui voudrait se révolter contre l'œuvre de la nation ?* » Nous ne dirons pas comme M. de Lourdoueix : « Aucun parti ne pourra se révolter contre ce qui serait adopté par la volonté nationale. » (1) Nous ne dirons pas comme le duc de Doudeauville : « Que la nation soit convoquée pour se prononcer. Il n'est point un Français qui n'accepte le gouvernement qu'elle se sera donné. » (2) Car l'illusion qu'ils avaient alors, les légitimistes ne nous ont pas permis de la conserver : ils nous ont prouvé en effet qu'il se trouvait des Français pour se révolter « contre l'œuvre de la nation », qu'il s'en trouvait surtout dans le parti qui avait déclaré cette hypothèse inadmissible. Mais nous disons que, si elle ne désarme pas les partis, l'œuvre de la nation résiste mieux à leurs coups que l'œuvre d'une assemblée ou l'œuvre de la tradition, parce qu'elle trouve dans les masses un point d'appui plus solide.

L'expérience ne l'a-t-elle pas prouvé d'ailleurs ? Si le raisonnement ne suffit pas pour faire juger la valeur

(1) *Gazette de France*, 28 février 1848.
(2) *Id.*, 29 février 1848.

relative des deux doctrines opposées, qu'on interroge les faits !

La Royauté, s'appuyant sur le droit traditionnel, a été plusieurs fois emportée par la révolution. L'Empire, sorti de la volonté nationale, n'a jamais été renversé par elle. Ni le malheur, ni la chute, ni l'exil n'out pu arracher la dynastie napoléonienne du cœur du peuple. Le retour triomphal de l'île d'Elbe avait prouvé la force de ce sentiment; l'élection du 10 Décembre vint, quarante ans plus tard, en montrer la solidité.

C'est parce que ce sentiment avait survécu à Napoléon III, comme à Napoléon Ier, et qu'on en redoutait une nouvelle explosion en faveur du Prince Impérial, qu'au mois de février 1875 on se coalisa pour proclamer la République.

Les impérialistes, défenseurs du suffrage universel, pouvaient-ils s'en plaindre ? N'étaient-ils pas battus sur leur propre terrain ? Les républicains ne représentent-ils pas comme eux la cause de la souveraineté populaire ? Ne la représentent-ils pas mieux ? Si le peuple est souverain, pourquoi déléguerait-il ses pouvoirs à une dynastie, au lieu de les exercer lui-même ? Le principe de la souveraineté nationale ne doit-il pas aboutir logiquement à la République ?

Non ce sophisme ingénieux ne résiste pas à l'étude des faits; non la République n'a pas le droit d'invoquer la volonté nationale, — car elle n'en est jamais sortie. Les républicains prennent le pouvoir sans l'assentiment du pays et prétendent le retenir contre son gré : telle est la vérité attestée par l'histoire.

En 1792, — M. Taine l'a péremptoirement établi, —
la France était dominée par trois ou quatre cent mille
jacobins (1). Cette minorité violente, audacieuse, sans
scrupules, suffisait au pouvoir émané d'elle « pour
étendre sur un pays comprenant 26 millions d'habitants
un despotisme plus absolu que celui des souverains
asiatiques. »

Aussi quand Manuel a la naïveté de demander que
l'établissement du régime républicain soit soumis à la
sanction du vote populaire, la Convention s'empresse-
t-elle de repousser cette motion ridicule : elle juge plus
sûr de proclamer ce régime elle-même, insidieusement,
irrégulièrement, sans discussion, sans contrôle, sans
scrutin. La première République ne fut jamais mise
aux voix ; elle fut « acclamée » dans une séance à
laquelle assistaient 371 conventionnels, — ne représentant pas le chiffre de suffrages exigés pour la validité
des votes, — à laquelle n'avaient pu prendre part 374
députés des départements dont on se défiait et qu'on
s'était bien gardé d'attendre.

Quand les républicains sentent que la nation ne veut
plus décidément subir leur joug, ils recourent encore à
la force pour l'y contraindre. La Reveillère défend le
coup d'État du 18 Fructidor, en disant qu'il était nécessaire « pour sauvegarder la République menacée par
le progrès de l'opinion publique. »

(1) Danton reconnait à la tribune que les adversaires de la
République sont « beaucoup plus nombreux » que ses partisans.
Collot d'Herbois écrit de Lyon : « Parmi les habitants de cette
ville il n'y en a pas un centième qui soit patriote. Il faut déporter
ou immoler le reste. » Jean-Bon Saint-André estime que « pour
établir solidement la République en France il faut réduire la
population de moitié. » Plus radical encore Geoffroy, député
du Pas-de-Calais, conseille de la réduire à « cinq millions »
d'habitants. (TAINE, *la Conquête Jacobine.*)

Comme la première, la seconde République est imposée par une infime minorité aux répugnances de la majorité du pays.

Le 24 février au matin, Lamartine avait dit:

Je demande un gouvernement provisoire qui ne préjuge rien ni de nos droits, ni de nos initiatives, ni de nos sympathies sur le gouvernement qu'il plaira au pays de se donner quand il aura été consulté.

Les meneurs de l'émeute, devenue révolution (1), l'entourent, le somment de proclamer la République. Il résiste d'abord et répond aux impatients qui l'obsèdent : « Ce que vous me demandez c'est la confiscation des droits de 34 millions de Français. » Mais il finit par capituler. Le gouvernement provisoire se prononce pour l'établissement de la République, en réservant toutefois la sanction du suffrage universel :

Le gouvernement provisoire veut la République, sauf ratification par le peuple qui sera immédiatement consulté sur la forme définitive du gouvernement de la nation que proclamera la souveraineté du peuple.

Dans la soirée on fait un pas de plus vers l'usurpation :

Le gouvernement provisoire déclare que le gouvernement actuel de la France est le gouvernement républicain et que la nation sera appelée immédiatement à ratifier par son vote la résolution du gouvernement provisoire et du peuple de Paris.

(1) Parlant de ces meneurs qui avaient imposé leur volonté au gouvernement provisoire et, par le gouvernement provisoire à la France, Lagrange a dit : « Nous étions une poignée. »

Et pourquoi les meneurs de la révolution avaient-ils forcé le gouvernement provisoire à proclamer lui-même la République et à « confisquer les droits de 34 millions de Français ? » Parce qu'ils savaient que le pays consulté eut adopté la forme républicaine ? Non : parce qu'ils savaient, au contraire, que le pays l'eût repoussée. Ils l'ont avoué plus tard.

Le général Cavaignac, Chef du Pouvoir exécutif, adressant une circulaire aux autorités civiles et militaires, leur dit : « Ne perdez pas de vue que la République, objet des espérances et du culte *d'un petit nombre de citoyens*, fut proclamée un jour où tout gouvernement manquait à la France (1). »

Quelques jours avant l'élection du 10 décembre, il confessait encore à l'ambassadeur d'Angleterre qu'il n'y avait en France qu'un « petit parti » pour le régime inauguré en février, que le pays « n'était pas, n'avait jamais été républicain (2). »

L'avénement de la troisième République fut-il plus correct ? Il le fut encore moins.

Spéculant sur nos désastres (3), les républicains s'emparent violemment du pouvoir. Puis, croyant

---

(1) En 1869, dans l'*Avenir national*, M. Peyrat disait : « Il n'y avait peut-être pas en France, le 24 février, plus de 50,000 républicains. » — Confirmant cet aveu, Louis Blanc a reconnu que « la proclamation de la République avait été accueillie avec stupeur par les départements ».

(2) Lord Normanby. *Une année de Révolution, d'après un journal tenu à Paris en* 1848.

(3) Spéculation que l'un d'eux avait jugée, — comme elle devait l'être, — quelques jours auparavant : « Celui qui guetterait la défaite pour asseoir sur les ruines nationales les bases de ses espérances, celui-là serait un citoyen qui devrait être trois fois maudit. » (Jules Favre, *séance du 24 août* 1870.)

avoir ruiné à force de calomnies la cause de l'Empire ils espèrent un moment faire ratifier leur usurpation par le suffrage universel.

Au mois d'août 1871, combattant la proposition Rivet, M. Gambetta conteste à ses collègues le droit de constituer et déclare qu'il ne voudrait point « d'une République créée par une assemblée incompétente ».

L'année suivante, dans son journal, il s'élève plus violemment encore contre les « intrigues » de ces parlementaires qui prétendent « confisquer la souveraineté nationale » à leur profit et affirme que les républicains de toute nuance, « depuis les plus timides jusqu'aux plus hardis, » sont d'accord pour repousser ces dangereuses inventions. M. Laboulaye, l'un des « plus timides » (1), et M. Louis Blanc, l'un des « plus hardis » (2), joignent, en effet leur protestation à celle de M. Gambetta ; et l'*Union républicaine* les appuie bientôt par une déclaration collective (3).

(1) Il écrit au *Journal des Débats* : « Ne pas interroger le pays, c'est laisser aux journaux le droit de dire qu'on peut engager la France sans la consulter et que si l'on évite d'en appeler au peuple, c'est qu'encore une fois on veut l'asservir à un gouvernement qu'il repousse. N'en déplaise à ceux qui s'effrayent du vote universel, il n'y a que la grande voix du peuple qui puisse imposer silence aux partis... On dira que le peuple est indolent et crédule, qu'il votera toujours *oui* quand on lui demandera de confirmer ce qui existe. Je connais ce dédain superbe ; ce ne sont pas les moins démocrates qui l'affectent. Mais alors pourquoi une République ? Pourquoi le Suffrage universel ? Pourquoi n'en pas revenir aux electeurs à 200 francs ? *Cela vaudrait mieux que de violer les principes républicains et de se jouer du pays.* »

(2) Il écrit au *Rappel :* « De qui la nation peut-elle attendre un régime définitif ? Je réponds : d'elle-même, d'elle seule. Et pourquoi ? Parce que l'organisation de la souveraineté n'appartient qu'au souverain et que le souverain c'est la nation. Pas de milieu : Si l'Assemblée est souveraine, c'est que la nation ne l'est pas. »

(3) Cette déclaration commençait ainsi : « Les représentants

Deux ans plus tard, les républicains « de toutes les nuances » se démentaient sans vergogne, *confisquaient* de leurs mains *la souveraineté nationale* et se *jouaient du pays* en chargeant cette *assemblée incompétente* de constituer la République !

Pourquoi se contredisaient-ils ainsi ? Pourquoi, après avoir si hautement revendiqué pour le suffrage universel le pouvoir constituant, le lui enlevaient-ils eux-mêmes ? Tout simplement parce qu'ils n'avaient plus confiance en lui.

S'ils refusaient d'interroger le pays, ce n'était pas, comme ils osaient le dire, parce que le pays avait suffisamment prouvé son désir de conserver la République et qu'il n'y avait plus d'intérêt à provoquer l'expression d'un sentiment aussi manifeste ; — c'était au contraire parce qu'ils voyaient le pays s'éloigner d'eux et de leur régime pour retourner à l'Empire.

Plus le suffrage universel, en nommant des candidats impérialistes, montrait d'antipathie pour la République, plus les républicains inclinaient à la faire installer par l'Assemblée incompétente. Les fondateurs du régime ne furent en réalité ni M. Buffet, ni M. Wallon, ni M. d'Audiffret-Pasquier, ni M. Savary, ni même M. Girerd : ce furent les électeurs des Hautes-Pyrénées, de la Nièvre, du Calvados, de l'Oise et du Pas-de-Calais qui s'étaient permis d'exprimer leur éloignement pour lui en acclamant MM. Sens, de Bourgoing, Le Provost

du peuple soussignés, — Considérant qu'aucune Assemblée élue n'a le droit d'exercer le pouvoir constituant qu'en vertu d'un mandat spécial, nettement défini, indiscutable ; — Considérant qu'aucun mandat de ce genre n'a été donné à l'Assemblée actuelle, etc. »

de Launay, Delisse-Engrand, de Mouchy et Cazeaux. Le pays ne voulait plus de la République, il devenait urgent de la lui imposer : tel fut le sens exact du vote de 1875 ; telle fut l'excuse qu'alléguèrent les votants du centre droit (1) comme les votants de la gauche (2) pour justifier leur palinodie.

Est-il besoin de multiplier les preuves historiques pour établir que les républicains n'ont jamais fait aucun cas de la volonté populaire, qu'ils l'ont toujours méprisée ? N'ont-ils pas érigé ce mépris en principe et déclaré que la République était au-dessus des caprices du suffrage universel ?

Cette opinion, émise en 1869 par Delescluze (3), parut

(1) Peu de jours avant le vote, le *Journal de Paris* adjurait ses amis de se joindre aux républicains, en disant : « L'Empire est là qui les menace, qui a fait dans le pays des progrès indéniables. Pour arrêter ces progrès inquiétants, la Chambre n'a qu'une chose à faire : instituer un gouvernement conservateur, constituer les pouvoirs du Maréchal... Il est à craindre que la peur de la République ne rejette le pays dans les bras de l'Empire, à moins que le centre gauche, comprenant l'imminence du péril, ne se décide à voter les lois constitutionnelles et à opposer aux progrès de l'Empire une barrière infranchissable en organisant les pouvoirs du Maréchal. »

Peu de jours après le vote, le *Journal des Débats* constatait que ce langage avait été compris : « La crainte du bonapartisme, disait-il, a été pour tout le monde, centre droit et gauche, le commencement de la sagesse. On a compris enfin que le meilleur moyen d'empêcher le retour de l'Empire était de donner la place à un gouvernement sérieux, viable, organisé pour durer et se défendre. »

(2) Louis Blanc déclarait que les membres de l'extrême gauche n'avaient voté la Constitution du 25 février 1875 que « la douleur dans l'âme et sous le coup d'une véritable panique, » que les orléanistes les y avaient entraînés « en leur faisant peur du bonapartisme ».

(3) « Pour nous, écrivait-il dans son journal *le Réveil*, la République est supérieure au suffrage universel. La forme républicaine représente à nos yeux l'ensemble de ces lois de justice qui garantissent à chaque citoyen le droit et la liberté,

alors excessive : tous les groupes républicains s'y sont successivement ralliés. M. Floquet l'a soutenue à la tribune (1), M. About dans la presse (2), avec autant de sérénité que s'ils eussent énoncé un axiome. Plus récemment encore M. de la Forge ayant revendiqué pour le peuple le droit de choisir son gouvernement, M. Ranc raillait sa candeur. M. de la Forge ajoutant qu'il ne demandait qu'on interrogeât le pays, que parce qu'il était certain que la réponse serait favorable à la République, M. Ranc répliquait avec une joyeuse désinvolture :

Aux yeux d'Anatole de la Forge la chose est sans importance, attendu qu'il est sûr de la majorité. *Eh! bien il ne manquerait plus que cela que, n'en étant pas sûr, il fît tout de même sa proposition !*

Pour déguiser ce qu'une telle doctrine a de monstrueux, il fallait trouver quelque nouveau sophisme.

___

sans lesquels il n'y a qu'oppression et anarchie. Ces droits sont antérieurs à toute charte écrite, à toute Constitution consentie. Ils ne sauraient davantage devenir l'objet d'une mise en discussion par le suffrage universel. »

(1) « *M. Delafosse.* Voyons, Messieurs, il faut faire ici de la politique sérieuse. Vous reconnaissez, j'imagine, au peuple souverain le droit de rétablir, si cela lui plaît, l'Empire ou la Royauté.

A l'extrême gauche. Non ! non !

M. Charles Floquet. Nous n'avons jamais reconnu cela. » (*Séance du 1er février* 1883.)

(2) « Ce que nous n'admettons pas, ce que nous n'admettrons jamais, c'est la fondation d'une monarchie héréditaire par un moyen quelconque, fût-ce par un vote direct et spontané de la majorité des citoyens. Si la majorité des citoyens, dans la plénitude de sa liberté, entreprenait d'établir la monarchie héréditaire, elle excéderait son droit et commettrait un énorme abus de pouvoir qui enlèverait à sa décision toute espèce de valeur. » (*Le XIXe Siècle.*)

Les républicains ont imaginé le suivant : l'établissement d'une monarchie héréditaire engage l'avenir ; une génération n'a pas le droit de lier celles qui doivent lui succéder (1).

S'ils se moquent de notre volonté nationale, à nous contemporains, c'est par respect pour celle des générations futures, — qui sera d'ailleurs enchaînée comme la nôtre.

Fussions-nous unanimes à vouloir l'Empire ou la Royauté, nous n'aurions pas le droit de les proclamer, parce que nous devons sauvegarder la liberté de nos enfants, — qui seront tenus, à leur tour, de respecter celle de nos petits-enfants. Et ainsi, de siècle en siècle jusqu'à la fin du monde, chaque génération devra transmettre à la génération suivante, sans jamais y toucher, comme un majorat inaliénable et incessible, ce titre fictif de constituants auxquels il est interdit de constituer.... Ugolin « mangeant ses enfants pour leur con- « server un père » — comme dit la complainte, — raisonnait à peu près de la sorte (2).

(1) Que les républicains, qualifiant eux-mêmes leur régime de *provisoire perpétuel*, cherchent à accréditer cette doctrine spécieuse pour justifier leur usurpation violente, on le comprend à la rigueur. Ce qui est plus étrange c'est de voir des légitimistes leur emprunter cette thèse anti-monarchique comme faisait M. Cornely répondant à M. Hervé que les royalistes seraient fous « de vendre leur droit d'aînesse pour l'adhésion d'une génération *qui ne saurait engager les générations futurs.* » Comment ne s'aperçoivent-ils pas qu'ils portent ainsi le coup le plus terrible à la tradition dont ils se disent les défenseurs, sur laquelle ils font reposer toutes leurs prétentions? Ils trouvent exorbitant que nous voulions imposer notre choix à l'avenir, — et trouveraient naturel de nous imposer le choix du passé ! Nos enfants ne seraient pas tenus de subir tel régime parce qu'il nous aurait plu de l'instituer et nous serions tenus, nous, de subir telle dynastie, parcequ'il aurait plu aux Français du Xe siècle de l'acclamer !.. Quelle logique !

(2) En 1848 on n'avait pas encore imaginé cette ingénieuse

On se demande ce qu'il faut le plus admirer : ou l'aplomb de ceux qui débitent sérieusement une pareille facétie ou la candeur de ceux qui l'écoutent sans hausser les épaules.

Le parti républicain, qui ose invoquer le principe de la souveraineté nationale, en a donc toujours éludé l'application. Il n'est jamais arrivé au pouvoir que par la force en luttant contre le courant de la volonté populaire.

Le parti impérialiste, au contraire, a toujours été poussé, porté par ce courant. Il ne s'impose pas aux répugnances du pays ; il répond à son appel. En quelque situation qu'il se trouve, il n'hésite jamais à provoquer l'épreuve plébiscitaire devant laquelle les républicains reculent toujours.

Contrairement au coup d'État de Fructidor, le coup d'État de Brumaire était souhaité par la nation bien avant de s'accomplir. Les historiens les moins suspects l'ont attesté (1).

Comme Bonaparte, au 18 Brumaire, Louis-Napoléon,

théorie, M. Vacquerie qui la défend avec tant d'ardeur dans le *Rappel*, appartenait alors, comme M. Paul Meurice, à la rédaction de l'*Événement*, journal inspiré par M. Victor Hugo. Or, quelques jours avant l'election du 10 Décembre, l'*Evénement*, discutant avec le *Siècle*, disait :

« Les suffrages qui sont pour M. Louis Bonaparte étant, selon le *Siècle*, contre la République et la majeure partie du pays étant, selon l'évidence, pour M. Louis Bonaparte, il s'ensuivrait nécessairement que la majeure partie du pays serait contre la République. *Que deviendrait alors ce consentement général, qui seul peut autoriser la forme du gouvernement inauguré en février ? Et de quel droit la République existerait-elle contre le gré de la nation ?* »

(1) « L'événement du 18 brumaire était partout accueilli avec joie..Ce sont les modérés qui ont fait le 18 Brumaire, cette journée salutaire et glorieuse qui a sauvé la France. » (THIERS. *Histoire de la Révolution.*)

au 2 Décembre, loin de violenter l'opinion, ou même de la devancer, la suivait. Il acquittait la lettre de change tirée sur lui, trois ans auparavant, par la volonté nationale En proclamant l'Empire dès le 11 décembre 1848, il n'eût fait que remplir le mandat qui venait de lui être implicitement donné. Aussi clairement qu'il lui fût permis de le faire, le pays, consulté pour la première fois depuis le 24 février, avait exprimé le vœu de relever le trône de Napoléon Ier, au profit de son neveu. Sous le titre de Président de la République, le seul qu'il pût légalement conférer, c'était bien un empereur qu'il avait voulu acclamer. Sur ce point encore les témoignages abondent. (1).

— « Pressé entre la crainte des Royalistes et celle des Jacobins, le gros de la nation cherchait une issue. On aimait la Révolution, mais on redoutait l'Etat républicain qui pouvait ramener les uns et les autres. » (Tocqueville. *Fragments inédits*).

— « Pour expliquer la conduite des anciens constituants qui prirent part au gouvernement issu du 18 Brumaire, il suffit de se reporter aux témoignages écrits à cette époque et aux souvenirs directs que nous avons pu recueillir de la génération qui nous a précédés. Ces témoignages et ces souvenirs attestent à quel point la revolution qui mit fin au gouvernement débile du Directoire était désirée et attendue. » (Lavollée. *Revue des Deux-Mondes*. 15 sept. 1868).

— « Bonaparte n'a pas eu besoin de ruses pour rétablir l'unité de pouvoir en sa faveur. Au contraire, chaque démarche qui devait le rapprocher du trône était prédite d'avance avec tant de ténacité que l'opinion s'impatientait d'en attendre si longtemps l'accomplissement. » (Fievée, *Correspondance*).

— Ni Jacobins, ni émigrés, tel était le cri public. On était mûr pour un chef militaire ; on l'appelait.... Fiévée, retiré en province, raconte que, pendant l'expedition d'Egypte, une seule observation le rappelait à la politique. Tout paysan qu'il rencontrait l'abordait pour lui demander si l'on avait des nouvelles du général Bonaparte et pourquoi il ne revenait pas en France. Le 18 Brumaire était fait. La nation, loin de s'effaroucher de l'autorité que Bonaparte s'arrogeait, semblait s'irriter de ce qu'il ne s'en arrogeât pas d'avantage. » (Bardoux. *Revue des Deux-Mondes*. 1883).

(1) « Les campagnes ont voté, le 10 Décembre, pour un Empereur. » (Montalembert).

Mais les républicains, prévoyant cette explosion du sentiment public, s'étaient mis en mesure de la comprimer. La Constitution du 11 novembre était dirigée contre celui qui allait être l'élu du peuple, c'est-à-dire contre la souveraineté nationale qui voulait s'affirmer sous son nom.

Encore s'est-il trouvé d'autres républicains, comme M. Littré, pour leur reprocher de s'être montrés imprévoyants en rendant possible cette manifestation du vœu public. Il faut lire cette page curieuse pour

— « Adopter ce candidat, c'était voter contre la République et exprimer ouvertement le vœu de la détruire. » (Prevost-Paradol. *La France nouvelle*).

— En decembre le peuple français a choisi comme symbole un nom qui signifiait retour à la forme monarchique ou du moins à un gouvernement régulier et fort. » (Tocqueville. *Correspondance*).

— « Elire le Prince Louis, c'était en finir avec la République. » (Comte de Falloux. *Revue des Deux-Mondes*, 1er févr. 1851).

— « Les partis ne l'avaient mis à la tête de la Republique que pour la détruire. » (Duc d'Aumale, cité par l'auteur du *Dernier Napoleon*).

— « L'élection du Président de la République fut une immense et solennelle protestation contre un régime que l'opinion publique, pour la première fois consultée, allait réprouver. » (Comte de Keratry. *Que deviendra la France. Paris*, 1851).

— « Le scrutin du 10 Décembre avait appris ce dont la France ne voulait pas... A la possibilité d'un Fructidor la nation répondit par la possibilité d'un Brumaire. » (Proudhon. *Confessions d'un révolutionnaire*).

— « La seconde République avait une constitution très sage .... Quelques jours après le vote de cette Constitution, le pays déclarait implicitement, par le vote du 10 décembre, que c'en était fait d'elle. » (M. Bocher. *Séance du 22 janvier* 1875).

— « Le pays donna cinq millions et demi de suffrages au Prince Louis-Napoléon. Quand, dans une République, on élève un prince si fort au-dessus des citoyens, n'est-ce pas lui dire de mettre la couronne sur sa tête ? » (Louis Teste. *Le Gaulois*).

— Enfin M. de Mazade, dans sa recente étude sur M. Thiers, qualifie l'election du 10 Décembre de « demi-résurrection impériale », reconnaît que la France n'avait pas entendu « acclamer un candidat comme les autres, mais bien l'héritier de l'Empire » et que « par la logique de la situation comme par l'instinct des électeurs, ce scrutin tendait à l'Empire. »

constater une fois de plus avec quel tranquille sans-gêne les hommes de ce parti traitent le suffrage universel, dès qu'il leur est contraire :

En expulsant les Bourbons, en laissant rentrer les Bonapartes, la deuxième République obéit à un besoin malsain de courtiser la popularité ; car le populaire des villes et des campagnes haïssait les Bourbons et aimait les Bonapartes. Elle ne gagna rien en popularité, comme on le vit lors du Coup d État, bien reçu des paysans parce qu'il garantissait l'ordre, bien reçu des ouvriers parce qu'il les défaisait de cette République qui avait vaincu les socialistes en juin 1848 ; mais elle fût étranglée nuitamment, en un guet-apens auquel elle eût échappé si elle eût su tenir au loin les Bonapartes et si elle se fût assuré la présidence de la République en se réservant la nomination du Président, au lieu de la laisser au populaire. (*Nouvelle Revue*, 1er févr. 1880.)

La troisième République ne commit pas la même faute et se montra plus prévoyante en retirant au « populaire » le droit d'élire le Chef de l'État, c'est-à-dire de manifester indirectement ses préférences pour tel ou tel régime.

Le 10 Décembre reste donc une date unique dans notre histoire. Il nous montre, — ce qu'on ne vit que cette fois, — la France disposant librement d'elle-même et résistant à la pression du pouvoir établi pour indiquer le gouvernement de son choix.

Qu'on conteste si l'on veut les plébiscistes du premier ou du second Empire, ayant eu lieu sous le régime mis aux voix : on ne peut du moins contester celui-là, — qui confirme les autres !

Tant que ce verdict solennel de la nation n'aura pas

. été cassé par un verdict contraire, rendu dans les mêmes conditions d'indépendance et de spontanéité, il conservera sa valeur ; seul le parti impérialiste aura le droit de se réclamer de la volonté populaire ; seule la dynastie napoléonienne représentera le principe de la souveraineté nationale, qui constitue la légitimité moderne, — en s'appuyant sur un titre authentique.

II

LE CARACTÈRE DE L'EMPIRE

Tout pouvoir subit la loi de son origine.

S'appuyant sur les classes censitaires, la Royauté devait surtout étudier, satisfaire les vœux de cette aristocratie électorale.

Le régime républicain, qu'une faction audacieuse impose par la force et maintient par l'intimidation, doit gouverner par elle et pour elle. C'est « la dictature de la minorité violente » : M. Taine l'a dit de la première République; il aurait pu le dire tout tout aussi bien des suivantes. Aujourd'hui, comme en 1793, comme en 1848; le pouvoir est aux mains d'une poignée de sectaires qui se croient tout permis. L'État c'est eux, donc l'État doit être omnipotent. Ils prétendent manier la France à leur gré, disposer de son argent comme de leur patrimoine particulier, couler l'âme et l'intelligence de ses enfants dans un monde officiel (1).

---

(1) « On ne peut fonder la République qu'en renouvelant l'état mental de la France. » (M. SPULLER. *Discours prononcé à Reims devant des délégués de la Ligue de l'Enseignement.*)

Pour leurs amis, toutes les faveurs, même les moins méritées ; pour leurs adversaires, pour les neutres dont leurs amis convoitent la place, toutes les rigueurs, même les plus iniques. Rien ne saurait sauver ces malheureux, suspects d'hostilité, ou seulement d'indifférence : ni leurs longs services, ni leur mérite professionnel, ni la médiocrité de leur emploi. Comme un fonctionnaire politique le dernier agent du plus modeste service doit éprouver, ou simuler quelque ferveur républicaine. On n'a pas le droit de garder la porte d'un cimetière ou de casser des pierres sur la grande route si l'on n'a donné des gages de son dévouement au régime établi (1).

Les favoris du régime ne se contentent pas d'accaparer les faveurs administratives : ils prétendent être au-dessus des lois et trouvent de puissants patrons pour les y mettre. C'est un ancien ministre républicain qui l'atteste (2).

(1) Que de faits on pourrait citer, du haut en bas de l'échelle administrative, depuis le procureur géneral de Rouen, engageant les magistrats de la Cour « à ne donner prise à aucun soupçon d'indifference envers les pouvoirs publics », — jusqu'au maire d'Autun destituant un de ses chefs de bureau pour « n'avoir pas illumine ni decore la façade de sa maison, le 14 juillet »... Trois cantonniers de l'Aude ayant eu l'audace d'exercer leur droit de citoyen en signant une petition contre l'article 7, un journal republicain de Paris exige leur revocation. — Un vétérinaire cantonal est nomme à Luzech. Le *Républicain du Lot* denonce, comme scandaleuse, cette nomination « d'un homme auquel *on attribue* des opinions peu en harmonie avec nos institutions ». — Le *Petit Marseillais* felicite les deputes des Bouches-du-Rhône des « actives demarches » qu'ils font pour obtenir la revocation du portefaix de l Intendance militaire « qui passe pour un ennemi des institutions actuelles. » Repondant aux reactionnaires qui se plaignent de cet exclusivisme, une autre feuille républicaine declare qu'il ne faut pas même permettre que « les fosses municipales » soient curées par « un vidangeur bonapartiste. » Etc., etc.

(2) Dans un article du *Journal des Économistes* publié en

Il y a longtemps que les organes officiels de la République ont fait de ce système un principe de gouvernement. Quand M. Wilson était sous-secrétaire d'État au ministère des finances un député signala le cas d'un jeune homme qui s'était présenté au concours pour le surnumérariat des contributions directes, qui en était sorti avec l'un des premiers numéros, et qui n'avait pu cependant obtenir d'emploi « parce qu'il appartenait à une famille cléricale. » M. Wilson répondit que cette cause d'exclusion lui paraissait très légitime ; qu'en pareille circonstance, l'Administration des finances agi-

novembre 1882, M. Léon Say disait : « Jamais l'abus des recommandations n'a été poussé plus loin que depuis quelques années. S'il ne s'agissait que de questions de personnel, ce serait bien triste ; mais on va plus loin et la recommandation s'étend jusqu'aux contribuables mauvais payeurs. Ceux-là mêmes qui sont chargés de faire les lois recommandent ceux qui ne veulent pas qu'on les applique. Mais où l'abus est porté le plus loin, c'est dans les. demandes en remise d'amendes ou en abandon de procès-verbaux, en matière de contraventions aux lois fiscales. Il y a des redevables contre lesquels les agents de recouvrement n'ont plus le courage de verbaliser, car ce serait s'attirer des inimitiés et s'exposer à des dénonciations... L'idée qu'on a les plus grandes chances d'être exonéré de son amende quand on est recommandé par un membre du Parlement est une idée universellement reçue dans le monde des fraudeurs. »
Au nombre des scandales dévoilés par la récente enquête sur les affaires de Corse figurait le suivant : Un agent subalterne d'un pénitencier s'était rendu coupable de malversation. Le Directeur informé n'avait osé le dénoncer. Il s'en excusa plus tard, en écrivant au Préfet du département : « Je me suis aperçu, en effet, de ces opérations, et si je n'en ai pas rendu compte à M. votre prédécesseur, c'est que je n'ignorais pas que X. paraissait être protégé par MM. Arène et Peraldi, députés, contre lesquels j'aurais craint de briser ma position de vingt-cinq ans de bons et loyaux services. »
— « Quand un sergent de ville rencontre un malfaiteur, il se demande s'il doit l'arrêter comme voleur, ou le saluer comme un électeur influent... Il ignore si, en lui mettant la main sur le collet, il ne risque pas non seulement sa vie, mais sa médaille militaire... Le même phénomène se produit dans les campagnes, où les gendarmes n'osent plus arrêter les vagabonds. »
(Le National.)

rait toujours de même, et en dépit des concours, ferme-
rait la porte à tous les sujets dont les sentiments lui
sembleraient équivoques. Une circulaire fameuse de
son successeur, M. Labuze, nous a prouvé que, même
après les avoir admis à son service, l'Administration
tenait à être constamment édifiée sur l'*attitude politique*, les *relations*, les *fréquentations* de ses moindres
agents.

La *République française* appuyait cette prétention de
la coterie régnante, en disant:

On ne gouverne que par un parti. On a beau dire, on a
beau faire, on a beau chercher une règle, un principe de
gouvernement, il n'y a que ce principe et cette règle.

Enfin dans le récent débat sur la situation de la
Corse, qui nous en montrait les résultats scandaleux,
M. Waldeck-Rousseau n'hésita point à formuler de
nouveau ce « principe », — que le Gouvernement doit
tout à ses amis du premier degré, rien aux autres ! (1)

---

(1) « Aujourd'hui l'Administration supérieure est singulièrement affaiblie... Ce n'est plus de la politique, ce n'est plus de
l'administration : c'est l'esprit de parti et de localité dans ce
qu'il y a de plus subalterne, disposant de tout, prétendant tout
regenter. » (Ch. DE MAZADE. — *Revue des Deux-Mondes,*
1883.) »

« Les radicaux trouvent qu'on ne respecte pas en eux le
droit des minorités. Qu'ont-ils donc fait eux-mêmes d'accord
avec la majorité ? Lorsqu'on a refusé obstinément à l'opposition
conservatrice ne fût-ce qu'un seul représentant dans la commission du budget, les radicaux ont-ils songé à protester contre
cette exclusion ? Quand la Chambre.... a décrété l'invalidation
en masse des élections des conservateurs, est-ce que les radicaux ont prononcé une parole pour réserver les droits du suffrage
universel? *Et cependant cette minorité exclue des commissions,
invalidée, violentée dans ses droits, dans ses croyances, représente, de l'aveu même des plus récentes statistiques officielles,
presqu'une moitié de la population française.* » (Ch. DE MAZADE.
— *Revue des Deux-Mondes* 1884.)

L'Empire, sorti des entrailles du pays, ne gouverne ni pour une classe ni pour un parti.

Sa devise : — *Tout pour le peuple et par le peuple*, — est un programme complet. Mais qu'en abusant des mots on ne donne pas à cette formule un caractère démagogique! Dans le *peuple*, l'Empire ne voit pas seulement la plèbe, il voit l'ensemble de la nation, où toutes les catégories de citoyens, confondues à ses yeux, ont des titres égaux à sa sollicitude.

Pendant le grand voyage que Louis-Napoléon fit en 1850, un ouvrier lui adressa une courte harangue qui se terminait ainsi: « Prince, Charles X a été le roi de la noblesse, Louis-Philippe, le roi de la bourgeoisie : vous, vous serez le roi du peuple. » Le Prince ne voulait ni accepter pour son gouvernement ce programme exclusif, ni blesser celui qui l'avait formulé avec une sympathique confiance. Il sut éviter ce double écueil avec son tact ordinaire. Se tournant vers l'évêque devant qui l'incident s'était produit, il lui dit à haute voix: « *Peuple*, Monseigneur, cela signifie *tous*. »

Oui, l'Empire, fondé par tous, est le gouvernement de tous.

Il n'a qu'une préoccupation, ne poursuit qu'un but: la satisfaction de l'intérêt national, et accepte le concours de quiconque y veut travailler avec lui, sans scruter son origine, ni ses attaches. Contrairement à l'idée républicaine, « l'idée napoléonienne, — comme l'écrivait le captif de Ham, — ne procède pas par exclusion; elle procède par réconciliation ».

Quel gouvernement fut jamais plus ouvert que celui de Napoléon Iᵉʳ? Recommandant à M. Molé, malgré ses tendances républicaines, un jeune ingénieur de mérite,

— c'est M. Molé lui-même qui le raconta trente ans plus tard, à la tribune, — l'Empereur lui disait :

Croit-on que je ne recherche que les hommes sans convictions ? Je ne demande à personne de penser comme moi, je demande à chacun de m'aider à rendre les Français le premier peuple de l'univers.

Dans une autre circonstance, il disait encore :

M'a-t-on jamais entendu demander ce qu'on était, ce qu'on avait été ? On ne m'a jamais connu qu'une question : « Voulez-vous être bon Français avec moi ? » Gouverner par un parti, c'est se mettre tôt ou tard dans sa dépendance. On ne m'y prendra pas : je suis national.

L'immense majorité du pays, que les crimes de 93 avaient révolté, mais qui ne voulait pas reculer au delà de 89, qui redoutait presque également le retour des royalistes et le retour des Jacobins (1), trouvait dans l'Empire une entière sécurité. Napoléon pouvait traiter les hommes de l'ancien régime mieux qu'un Bourbon n'eût alors osé le faire, parce qu'il était contre le retour offensif de leurs idées une garantie vivante.

Royalistes, Girondins, Jacobins, émigrés ou régicides, proscripteurs ou proscrits, se groupaient autour de lui (2). Avec ces hommes venus des points les plus opposés, avec ces hommes qui, quelques années auparavant, se haïssaient, se combat-

(1) Voir Tocqueville, fragments inédits.

(2) Les Préfets n'étaient pas recrutés avec moins d'éclectisme que les Ministres ou les Conseillers d'Etat. Parmi eux se trouvaient les Thibaudeau ou les Jean Debry à côté des La Rochefoucauld, des Breteuil et des Vaublanc, etc.

—Voir, à ce sujet, le remarquable ouvrage de M. Am.-Edmond Blanc, *Napoléon Ier, ses institutions civiles et administratives*.

taient à outrance, il réussit à former un grand parti national.

Qu'il rédigeât le Code civil ou formât la noblesse impériale ; qu'il signât le Concordat ou fît entrer dans les anciennes familles les glorieux parvenus qui l'entouraient, il avait toujours devant les yeux ce même but : la fusion des classes, la fusion des partis. Il sut l'atteindre. Dans une page admirable, où il résume les diverses périodes de ce siècle avec la double autorité de l'historien et de l'homme d'État, M. Guizot le déclare :

La paix est impossible tant que les classes diverses, les grands partis que renferment notre société nourissent l'espoir de s'annuler mutuellement et de posséder seuls l'empire. C'est là, depuis 1789, le mal qui nous travaille et nous bouleverse périodiquement. Tantôt les éléments démocratiques ont prétendu extirper l'élément aristociatique ; tantôt l'élément aristocratique a tenté d'étouffer les éléments démocratiques et de ressaisir la domination. Les constitutions, les lois, la pratique du gouvernement ont été dirigées tour à tour, comme des machines de guerre, vers l'un ou l'autre dessein : guerre à mort dans laquelle ni l'un ni l'autre des combattants ne croyait pouvoir vivre si son rival restait debout devant lui.

L'Empereur Napoléon a suspendu cette guerre. Il a rallié les anciennes classes dominantes, les nouvelles classes prépondérantes ; et soit par la sécurité qu'il leur procurait, soit par le mouvement où il les entraînait, soit par le joug qu'il leur imposait, il a rétabli et maintenu entre elles la paix.

Après lui, de 1814 à 1830 et de 1830 à 1848, la guerre a recommencé. (*De la Démocratie en France;* 1849) (1).

(1) Sous la Restauration, dès 1821, M. Guizot indiquait déjà cette idée : « En peu d'années, disait-il, les prééminences sociales de l'ancien régime étaient devenues la parure favorite

A l'heure où **M.** Guizot constatait ainsi l'œuvre de pacification accomplie par le premier Empire, l'héritier de la dynastie napoléonienne se préparait à la reprendre (1).

En montant sur le trône, Napoléon III disait : « Je veux inaugurer de nouveau une ère de paix et de conciliation et j'appelle sans distinction tous ceux qui veulent franchement concourir avec moi au bien public. » Il resta fidèle à ce programme. Comme son oncle, il groupa autour de lui des hommes sortis de tous les camps pour entrer dans le grand parti national dont il était le chef. Pas plus que son oncle, il ne demandait à ceux qui voulaient servir le pays avec lui quels étaient leurs antécédents politiques **ou** leurs attaches de famille (2). Combien de fonctionnaires · importants

du régime impérial. Elles s'y précipitèrent avec une ardeur pleine de complaisance. Le public ne s'y opposa pas. C'est que la révolution, lasse d'elle-même, et renonçant, par lassitude, à ses plus nobles droits, était au fond sans crainte sur ses intérêts les plus puissants.... Telle était, en 1814, la relation des deux orgueils. Ils vivaient l'un à côté de l'autre, renonçant l'un et l'autre à la prétention de s'exclure et de s'humilier réciproquement. Quelques mois plus tard, tout était changé. L'ancien régime, se croyant des chances plus hautes, avait laissé là sa résignation et repris ses frivoles dédains ; la révolution, ne se sentant plus souveraine, avait cessé d'être tolérante, en cessant d'être tranquille sur son sort..... Je ne sais qu'une manière de traiter avec l'esprit public : c'est de le rassurer pleinement. Buonaparte a pu accorder à l'ancienne aristocratie justice et même faveur. Les Bourbons lui doivent justice, comme on doit toujours à tout le monde ; ils ne peuvent pour elle rien de plus. » (*Des moyens de gouvernement et d'opposition dans l'état actuel de la France.*)

(1) Dès 1849, à son cousin le prince Napoléon, qui rêvait pour les Bonaparte un rôle plus exclusif, il écrivait : « Rappeler tous les anciens partis, les reunir, les réconcilier, tel doit être le but de nos efforts. C'est la mission du grand nom que nous portons. »

(2) Repondant à l'étrange déclaration de M. Wilson, que nous rappelions plus haut, M. Rouher déclarait que repousser un

pourrions-nous citer qui comptaient un proche, un très proche parent dans l'opposition, sans que cette parenté compromît leur avancement ; bien au contraire. Après s'être montrés farouches à la tribune, certains membres de la gauche s'humanisaient dans les couloirs pour glisser en faveur d'un neveu, d'un frère ou d'un fils, quelques mots de recommandation qui étaient toujours bien accueillis, — si bien que les amis du premier degré s'en montraient jaloux. Loin d'être, comme aujourd'hui, une cause de disgrâce, l'amitié d'un membre de l'opposition était alors un bienfait des dieux.

M. le duc d'Aumale, dans les lettres si brillantes qu'il adressait alors à un journal étranger, constatait lui-même cette tolérance du régime impérial. Après avoir dénombré les légitimistes qui, selon lui, remplissaient « les ambassades, les conseils généraux, le Sénat, le Corps législatif et les antichambres des Tuileries », il disait :

Vous leur feriez injure en supposant qu'ils sont infidèles à leur foi. Légitimistes, ils le sont toujours ; et si, d'un coup

candidat ayant subi l'épreuve d'un concours pour les opinions qu'on lui supposait était un acte d'arbitraire injustifiable Une voix de la gauche lui cria : « N'en faisiez-vous pas autant ? » M. Rouher répliqua : « Citez des faits ! Il y a ici M. le Président du conseil. J'ai eu l'honneur d'être son chef, comme ministre des travaux publics pendant huit ans, je connaissais tous les ingénieurs et tous les conducteurs des ponts et chaussées. Je demande à M. de Freycinet si jamais un ingénieur ou un conducteur, admis régulièrement, a été frappé pour cause politique. Je n'ignorais pas cependant que ce personnel était, en majorité, républicain ; mais, comme il n'affichait pas ses opinions, qu'il se montrait honnête, consciencieux, laborieux, je ne me croyais pas le droit de lui dire : je vous soupçonne d'être républicain. »
— « Sous l'Empire... l'administration était assez puissante et

de baguette, une fée pouvait mettre à la place de Napoléon III le dernier descendant des Bourbons, ils seraient sans doute au comble de leurs vœux (1).

L'immense clientèle de l'Empire était composée d'éléments si divers que les esprits superficiels croyaient y voir une cause de faiblesse et y cherchaient un sujet de raillerie. Pour justifier cette coalition de rancunes qui s'était formée sous le nom d'*Union Libérale*, un jeune écrivain qui figura depuis, sans grand éclat, au centre gauche de l'Assemblée nationale, M. Ernest Duvergier de Hauranne, faisait dédaigneusement observer que la « coalition officielle » était bien moins homogène encore ; qu'on y voyait « des parlementaires, des légitimistes, des républicains, même des socialistes », qu'on l'avait enfin « recrutée dans tous les camps. »

Recruter « dans tous les camps », pour grouper, sous le même drapeau, sept ou huit millions de bonnes volontés,—n'est-ce donc pas le but auquel doit tendre tout pouvoir qui veut être un gouvernement national et non un gouvernement de parti ?

Ce but, l'Empire l'a deux fois atteint ; et seul il peut l'atteindre.

Ne recrute pas dans tous les camps qui veut ! Pour attirer à soi des hommes que leurs idées, leurs

souvent, il faut le dire, assez éclairée pour n'être point à la merci de tous les caprices, de toutes les délations ou même des influences de localité. » (CH. DE MAZADE. *Revue des Deux-Mondes.*)

— « M. Leconte de Lisle, qui a toujours été républicain, haïssait l'Empire. L'Empire, qui ne l'ignorait pas, accorda une pension à l'homme de talent. » (FIGARO, sept. 1884).

(1) HENRI D'ORLÉANS, DUC D'AUMALE. *Écrits politiques.* Bruxelles 1868.

préférences personnelles avaient d'abord poussés dans une autre voie ; pour rétablir la paix entre les partis, entre les classes, il faut offrir à tous certaines garanties.

Chaque groupe social ou politique a des intérêts propres, des tendances spéciales, une conception particulière du gouvernement, où il voudrait s'attribuer la prépondérance aux dépens des autres. Pour fondre les groupes et les partis, il faut fondre les systèmes. C'est ce que fait l'Empire.

L'Empire n'est ni la meilleure des républiques ni la meilleure des royautés : c'est un régime mixte, transactionnel, empruntant à la doctrine royaliste comme à la doctrine républicaine ce que chacune d'elles a de réalisable ; ne donnant à aucune classe, à aucun parti une satisfaction absolue, donnant aux unes et aux autres une satisfaction relative ; créant ainsi entre les systèmes, — trop exclusifs pour s'imposer à la masse du pays, — une sorte de moyenne acceptable pour tous. Son rôle peut se résumer en un mot : c'est un concordat permanent entre tous les intérêts.

Comme notre France, où des populations de races, de tempéraments, d'instincts divers, basques et flamands, bretons et provençaux, s'amalgament dans une nationalité homogène et compacte, l'Empire a ses provinces du Nord et ses provinces du Midi, ses frontières de droite et ses frontières de gauche, par où, les uns, dégrisés de la République, les autres désespérant de la Royauté, entrent chez lui, sachant qu'ils y trouveront au moins une partie de ce qu'ils cherchaient ailleurs (1).

(1) « Le parti contre-révolutionnaire et le parti révolutionnaire vivaient en paix sous Napoléon, parce qu'il protégeait incessam-

En constatant avec ironie cette amalgame de groupes si divers, en opposant le langage, les aspirations de tels impérialistes au langage, aux inspirations de tels autres ; en croyant trouver dans ces divergences une preuve d'incohérence ou de duplicité, comme le faisait en 1869 M. Ernest Duvergier de Hauranne, comme l'ont fait souvent depuis d'autres adversaires de l'Empire, on se trompe étrangement. Loin de discréditer ainsi le régime impérial, on demontre au contraire sa supériorité ; on explique pourquoi, mieux que tout autre, il peut agglomérer les éléments disparates dont se compose la société française.

On accuse pourtant Napoléon III d'avoir méconnu le caractère qu'il assignait lui-même à l'Empire, d'avoir manqué à ses promesses, en se faisant le souverain de la plèbe, au lieu de rester le souverain de tous, en favorisant une classe, — la dernière, — aux dépens des autres. On dénonce souvent, — tantôt avec une railleuse pitié, tantôt, avec indignation, — ses « utopies humanitaires » et ses « rêveries socialistes » ; et l'on ajoute que, la dernière couche contenant le plus grand nombre d'électeurs, tout gouvernement qui repose sur le suffrage universel est fatalement amené à lui sacrifier ainsi les couches supérieures de la société.

ment et également les deux partis dans ce qu'ils avaient de bon et de sense et les réprimait seulement dans ce qu'ils avaient d'égoiste et d'hostile au bien public.» (FONFRÈDE, *Esquisses morales et politiques.*)

— « L'Empereur fut le médiateur entre deux siècles ennemis ; il tua l'ancien régime en rétablissant tout ce que ce régime avait de bon ; il tua l'esprit révolutionnaire en faisant triompher partout les bienfaits de la révolution. » (NAPOLÉON III. *Discours du 20 septembre* 1852.)

Des républicains osèrent formuler contre Napoléon III ce grief, assez étrange de leur part (1). Mais c'est dans les organes de la droite ou du centre droit qu'on le retrouve le plus fréquemment. Le *Français* le reproduit très souvent, la *Gazette de France* encore plus. Tel jour, elle reproche à l'Empereur d'avoir « passé le niveau sur toutes les supériorités sociales, afin de se trouver seul en face des classes populaires » ; d'avoir « favorisé en secret le socialisme » ; de l'avoir « doté de libertés dangereuses, car elles sont autant de privilèges en dehors du droit commun ». Tel autre jour, elle se félicite d'avoir « signalé depuis quinze ans le danger que faisait courir au pays la réorganisation du socialisme par l'initiative de l'Empereur et sous le haut patronage de M. Rouher ». Quand celui-ci mourut, elle l'accusa formellement d'avoir été « le propagateur du socialisme d'État, le patron de l'Internationale », d'avoir « établi » cette société funeste « avec la collaboration de M. Tolain », comme une consequence naturelle de la détestable loi sur les coalitions.

Ce grief est-il fondé ?

(1) « L'Empire, avec une extrême imprudence, quand il a vu que son prestige diminuait, a eu la pensée de pactiser avec la démocratie la plus avancée et d'opposer cette démocratie aux classes moyennes et aux opinions moderées. Le premier acte de cette nature a été la loi sur les coalitions. » ERNEST PICARD, *Déposition à l'Enquête du 18 mars*.) Dans cette deposition, M. Picard ajoutait même, à mots couverts, que cette alliance entre l'Empire et la démagogie n'avait pas été rompue par le 4 Septembre, que les bonapartistes avaient aidé les communards à brûler les monuments et assassiner les généraux Lecomte et Clément Thomas.

— Parlant de la Commune, et contestant aux impérialistes le droit d'en rendre la République responsable, le *National* disait en octobre 1871 : « Oublient-ils donc que ces hommes coupables ou égarés sont les victimes des fausses doctrines sociales entretenues par l'Empire ? »

Oui, presque tout ce qui a été fait dans ce siècle pour améliorer la condition matérielle et morale des classes laborieuses a été fait par le premier ou le second Empire. -

Oui, Napoléon III, comme Napoléon Ier, aimait ardemment le peuple et cherchait, avec une infatigable sollicitude, à adoucir son sort.

Mais, si vouloir élever les petits, instruire les ignorants, soulager les pauvres, c'est être socialiste, Napoléon III le fut en bonne compagnie; et ce n'est pas lui seulement qu'il faut en accuser... C'est M. le comte de Mun, — auquel d'ailleurs ce reproche ne fut pas épargné et qui se justifiait précisément, comme nous justifions l'Empire, en disant : « Si c'est être socialiste que de vouloir faire quelque chose pour sortir de l'état social où nous sommes et de croire qu'il ne suffit pas de se croiser les bras, de se lamenter ou de s'enrichir, en applaudissant toutes fois qu'une révolte populaire, devant laquelle on a tremblé, est étouffée par la force, — je comprends qu'on nous accuse. »

C'est M. Gladstone, qui a appelé le dix-neuvième siècle : « le siècle des ouvriers. »

C'est M. le comte de Chambord — qui a écrit : « Je regarde comme un devoir d'étudier tout ce qui se rattache à l'organisation du travail et à l'amélioration du sort des classes laborieuses (1). »

(1) Chargé par M. le comte de Chambord de remercier des ouvriers de la Croix-Rousse qui lui avaient envoyé une adresse, M. le marquis de Foresta écrivait, de Goritz, le 9 mars 1883, au président du comité royaliste de Lyon : « Les ouvriers honnêtes et intelligents... savent qu'ils peuvent compter sur son plus sérieux intérêt et que l'étude des grandes questions qui se rattachent au bien-être de la classe ouvrière a été l'une des plus graves occupations de sa vie. » Il le félicitait en terminant d'avoir suscité la candidature d'un ouvrier royaliste.

C'est M. de Bismarck, — qui considère la question sociale comme le plus grand problème de notre temps (1). »

C'est l'empereur d'Allemagne, — disant dans l'un de ses derniers messages : « Ma préoccupation la plus vive est de rechercher la guérison des maux sociaux, non seulement dans la répression des excès des démocrates socialistes, mais aussi dans des mesures tendant à améliorer le bien-être des ouvriers » ; — déclarant qu'il se croyait « obligé devant Dieu et devant les hommes de travailler à la solution de ce problème d'où dépend' la sûreté intérieure de l'État » ; adjurant les hommes religieux des diverses confessions de l'aider dans cette tâche, « l'une des plus difficiles, mais aussi les plus hautes de tout gouvernement qui se base sur la morale du christianisme ».

C'est le clergé catholique et le clergé protestant d'Alle-

— Dans la brochure de propagande intitulée *Henri V et la Monarchie traditionnelle* (la plus sérieuse qui ait été faite), nous lisons : « Henri V ne sera ni un bourgeois, ni un roi aristocrate, il sera bien plutôt (comme Henri IV son aïeul aimait a le répéter) le roi du peuple. » Et dans une autre, *Une visite à M. le duc de Bordeaux*, par Didier (1849) : « Deux questions le préoccupaient entre toutes les autres, l'organisation administrative de la France et le problème social des travailleurs. »

(1) « M. de Bismarck est le type du socialiste-conservateur... Il admet qu'il y a une question sociale et qu'il faut s'efforcer de la resoudre ; or, tout est là. Pour l'economiste orthodoxe, il n'y a pas de question sociale. L'Etat n'a rien à faire qu'à trancher les entraves qui gênent encore la concurrence universelle. Telle n'est pas du tout l'opinion de M. de Bismarck. Il croit qu'il est juste et bon que la condition des classes laborieuses s'améliore ; il croit que l'Etat doit venir en aide à leur relèvement. » (E. DE LAVELEYE, *le Socialisme contemporain en Allemagne*.)
Depassant la mesure qu'avait su observer Napoleon III et attribuant à l'empereur d'Allemagne ce caractère exclusif que l'empereur des Français avait decline, comme nous le rappellions plus haut, M. de Bismarck affirma un jour « que le roi de Prusse était avant tout le roi des prolétaires ».

magne, — qui avaient devancé l'appel de leur souverain (1).

C'est Mgr Mermillod, — qui prononça à Ste-Clotilde un sermon sur *les Ouvriers*, dont certains de ses auditeurs furent scandalisés, mais dont Napoléon III le félicita avec effusion, en lui disant : « Que tous les évêques parlent comme vous, Monseigneur, et il n'y aura plus de révolutions. »

C'est M. Le Play, — faisant instituer, en 1867, un ordre spécial de récompenses pour les industriels ayant su le mieux assurer « le bien-être matériel, intellectuel et moral des ouvriers ».

C'est le Père Lacordaire, — écrivant : « Il y a trois socialismes : le socialisme athée qui a pour but la destruction de la religion, de la famille et de toute propriété ; le socialisme faux, qui, sans en vouloir à la famille et à la religion, se propose néanmoins la destruction de la propriété privée par des systèmes de distribution générale différemment pondérés ; le socialisme chrétien qui respectant à la fois la religion, la famille et la propriété privée, tend au moyen de l'association poussee aussi loin que possible à améliorer la condition physique et morale du plus grand nombre des hommes. »

Ce socialisme chrétien, respectant à la fois la religion, la famille et la proprieté, qu'admettait, que prônait le Père Lacordaire, est le seul qu'ait jamais appliqué l'Empereur. On prétend le contraire ; mais on serait

____

(1) Les catholiques avaient donné l'exemple : Les protestants se piquèrent bientôt d'émulation. M. Stoker, prédicateur de la Cour, fonda l'Association des socialistes-chrétiens-monarchiques.

embarrassé de le prouver. On dit que l'Empire accorda aux ouvriers « des privilèges en dehors du droit commun » : — Quels privilèges ? On ajoute qu'à l'intérêt de cette classe favorite il sacrifia le droit des autres : — Ou ? Quand ? Comment ? Qu'on cite des décrets et des lois ! Car c'est par les lois et les décrets que s'exerce l'action des gouvernements ; on n'a pas plus le droit de leur faire des procès de tendance qu'on ne leur reconnaît à eux-mêmes le droit d'en faire aux citoyens.

Pour répondre à cette question précise la *Gazette de France* ne trouverait à nous opposer que deux actes, qu'elle cite à tout propos : la loi sur les coalitions et le patronage accordé à l'Internationale. Rien de plus ; — et ce n'est guère, comme on va le voir.

La loi sur les coalitions ? Serait-ce, par hasard, une invention de l'Empire, pour qu'on en fasse à l'Empire un grief spécial ? La liberté des grèves n'existe-t-elle pas partout, ou presque partout en Europe ?

Et qui donc vit-on au premier rang de ceux qui poussaient le gouvernement impérial à l'accorder ? Deux hommes qui ne passèrent jamais pour de farouches socialistes : Prevost-Paradol (1) et Berryer.

La plaidoirie de l'illustre avocat légitimiste en faveur des ouvriers typographes de Paris fit faire à la question un pas décisif. La *Gazette de France* aurait mauvaise grâce à le contester : car elle l'affirmait jadis, en félicitant Berryer d'avoir gagné cette noble cause « devant l'opinion », d'avoir fait triompher par son talent « la liberté du travail, la liberté d'association » et d'avoir

____

(1) Voir ses Lettres Politiques, notamment celle du 27 mars 1864 où il dit : « Nous sommes, on le sait, *des réformateurs de la veille* en ce qui concerne le droit de coalition. »

porté un coup mortel à la loi qui les restreignait (1)...
Est-il juste, est-il même décent de faire un mérite à
M. Berryer d'avoir provoqué cette réforme et un crime
à l'Empereur de l'avoir réalisée ?

Dira-t-on qu'à cette époque on n'avait pas encore
compris la gravité d'une telle innovation, que l'expérience seule en manifesta le péril ?... Si elle le manifesta réellement au point de faire regretter la loi abro-
gée en 1864, pourquoi les monarchistes ne rétablirent-
ils donc pas celle-ci, lorsqu'à l'Assemblée Nationale ils
avaient la majorité ? Pourquoi la grande Commission
chargée d'étudier, sous la présidence de M. d'Audiffret-
Pasquier, la question du travail et formée dans une
pensée de réaction contre la politique impériale, n'en
a-t-elle pas seulement émis le vœu ?

L'accusation de connivence avec l'Internationale est-
elle plus fondée ? Elle l'est beaucoup moins encore.
Nous ne ferons pas à cette sotte légende l'honneur de
la discuter sérieusement ; nous nous bornerons à rappeler que les témoins les plus compétents en ont fait
eux-mêmes justice (2).

---

(1) Assez longtemps après, les ouvriers typographes offraient
à Berryer un ouvrage imprimé par eux pour lui seul. *La Gazette
de France* raconta le fait et rappelant ce qui l'avait motivé,
elle dit : « Personne n'a perdu le souvenir de cette magnifique
défense de la liberté du travail et du droit d'association pré-
sentée devant le Tribunal de la Seine en septembre et novembre 1862. C'etait le procès fait a la loi, *il fut gagné devant
l'opinion ;* et cette législation qui protegeait les syndicats, en
condamnant l'association libre, la discussion pacifique, *n a pas
survécu à cette lutte judiciaire,* qui fut un nouveau triomphe
pour M. Berryer. »

(2) Extrait des procès-verbaux de l'enquête sur le 18 mars :
« *M. le Président.* Quelle a eté la participation de l'Empire à
la formation de l'Internationale ?
« *M. Tolain.* Aucune, absolument aucune, ni financièrement,

Non seulement l'Empire, en témoignant cette sollicitude à la classe nécessiteuse, ne causait aucun préjudice aux autres ; mais il leur rendait au contraire un
immense service, en leur assurant la quiétude, en les
préservant des revendications, légales ou violentes, de
la révolution sociale.

Dans la séance que le Conseil d'Etat tint, aux
Tuileries, sous sa présidence, pour discuter l'abrogation
de l'art. 1781, Napoléon III rappelait ce que son gouvernement avait déjà fait pour améliorer la condition
des ouvriers et il ajoutait :

Je n'ai pas la pensée qu'en suivant cette politique je ferai
tomber toutes les préventions, je ferai tomber toutes les
haines et j'augmenterai ma popularité. Mais ce que je sais
bien, c'est que j'y puiserai une nouvelle énergie pour résister aux mauvaises passions. Quand on a fait tout ce qui
était juste, on maintient l'ordre avec plus d'autorité, parce
que la force s'appuie alors sur la raison et la conscience
satisfaites.

L'ordre matériel, la paix sociale, n'est-ce donc pas
pour les classes supérieures le premier besoin, le bien
le plus précieux ? Et le gouvernement impérial, sans
verser une goutte de sang, ne les avait-il pas garantis
mieux qu'aucun autre ?

A la veille de son avènement, on se battait dans les
rues, comme on devait s'y battre au lendemain de sa
chute ; la société voyait avec angoisse, — et depuis

ni autrement. Le gouvernement impérial n'a rien su, ni rien fait.
Je donne la chose comme absolument certaine. Personne ne
pourra dire le contraire. »
Voir l'*Association internationale des Travailleurs*, où l'auteur,
M. Fribourg, reproche à l'Empire non pas précisément d'avoir
favorisé cette Société, mais de l'avoir écrasée sous les procès.

longtemps, — s'approcher le règne des « barbares »,
et les saturnales de l'anarchie triomphante (1). Sous
son règne ferme et tutélaire les mauvaises passions
s'apaisèrent, et la terreur des hautes classes se dissipa.
M. Michel Chevalier le constatait, en ces termes, à la
tribune du Sénat :

L'Empereur, relativement au droit de suffrage, qui est le
point culminant de l'édifice des libertés publiques, est le
plus progressiste des législateurs politiques de son temps.
La conséquence considérable de ce progrès, c'est que l'Empereur a réconcilié la démocratie avec les autres classes de

(1) Dès 1832, le *Journal des Débats* disait: « Les barbares qui
menacent la Société ne sont pas au Caucase, ni dans les steppes
de la Tartarie ; ils sont dans les faubourgs de nos villes indus-
trielles. »

— En 1834, le procès d'avril inspire à M. Gisquet, préfet de
police, les réflexions suivantes : « N'était-il pas effrayant de
voir à quelles mains la France pouvait être livrée si la faction
républicaine avait détruit l'ordre actuel ? Qu'on veuille bien ré-
fléchir sur les doctrines avouées par eux et l'on conviendra
qu'ils réservaient à notre pays un bouleversement et de san-
glantes orgies auprès desquelles les saturnales de 93 n'auraient
été que des jeux d'enfants.... L'extermination de la bourgeoisie,
la spoliation de toutes les fortunes devait être pour la Société
des *Droits de l'Homme* le prix de la victoire. »

— Henri Heine écrit, de Paris, en 1840 : « Les doctrines sub-
versives se sont emparées en France des classes inférieures.
Il ne s'agit pas de l'égalité des droits, mais de l'égalité des
jouissances, et il y a à Paris quatre cent mille mains brutales
qui n'attendent qu'un mot d'ordre pour réaliser l'idée d'égalité
absolue qui couve dans leur tête. »

— Fonfrède, à la même époque (17 octobre 1840) : « Si la Providence ne vient au secours de notre pauvre France, nous serons
bientôt au niveau de l'Espagne et nous passerons ensuite par
un autre 93, pire que le premier. »

— M. le duc d'Orléans, deux ans plus tard, dans son testament :
« Que le comte de Paris soit un de ces instruments brisés avant
d'avoir servi ou qu'il devienne l'un des ouvriers de cette régé-
nération sociale qu'on n'entrevoit qu'à travers de grands
obstacles *et peut-être des flots de sang....* »

— M. Blanqui (de l'Institut), en 1848 : « Pourquoi entendons-
nous répéter de toute part que la révolution politique dont le
contre-coup agite encore l'Europe n'est que le prélude d'une

la société. A sa voix, la démocratie s'est calmée, elle s'est disciplinée. L'effet de cette réconciliation a été tel que dans les autres Etats de l'Europe, depuis 1852, tous les souverains à peu près qui avaient refusé le droit électoral à leurs sujets ont fini par le leur accorder. Ce résultat a été obtenu grâce à la bonne tenue de la démocratie française sous la main à la fois bienveillante et ferme de l'Empereur. Il y a eu un temps, et pas bien loin de nous, où ce mot de démocratie excitait universellement les alarmes. Il semblait que ce fut un monstre prêt à nous dévorer. Il y avait une formule que répetaient alors les sages de l'époque : « la démocratie coule à pleins bords » ; c'est-à-dire : il ne nous reste plus qu'à nous envelopper dans nos manteaux et à mourir... Eh bien ! non ! Car l'Empereur a accompli ce fait considérable que la démocratie a coulé à pleins bords plus que jamais et que les alarmes se sont dissipées (1).

Récusera-t-on ce témoignage complaisant d'un sénateur ? Mais les adversaires de l'Empire semblaient éprouver la même sécurité que ses amis !

L'ordre social leur paraissait si peu menacé qu'ils voulaient arracher au gouvernement les armes dont celui-ci croyait avoir encore besoin pour le défendre. A gauche comme à droite, on constatait la décadence de l'utopie communiste et le progrès fait par les saines doctrines économiques dans le monde des ouvriers.

M. Jules Simon disait en 1867 au Corps Législatif :

Convenons qu'il y a une grande différence entre les socialistes d'il y a vingt ans et ceux d'aujourd'hui.

Il y a vingt ans, les socialistes étaient des sectaires ; aujourd'hui ce sont des praticiens. Il y a vingt ans, ils excluaient

révolution plus profonde, destinée à ébranler la société presque dans ses fondements ? »

(1) Séance du 16 décembre 1863.

le capital, exigeaient la gratuité du crédit et faisaient la guerre aux intermédiaires. Ils voulaient supprimer le salaire de haute lutte au nom de l'égalité. Aujourd'hui ils reconnaissent la légitimité du travail accumulé et transmis ; ils admettent le loyer de l'argent ; ils comprennent qu'on puisse, en certains cas, préférer le salaire à l'association. Enfin, réclamant pour eux la liberté, ils la demandent aussi pour les autres, parce qu'ils sentent que la première condition de la liberté est l'égalité absolue dans le droit (1).

M. le vicomte de Melun, étudiant avec le soin le plus consciencieux les cahiers rédigés par les délégations ouvrières à la suite de l'Exposition Universelle, écrivait, en 1869 dans le *Français :*

Ces rapports méritent au plus haut point l'attention publique, comme le résumé le plus exact des désirs, des aspirations populaires, comme le reflet de l'esprit et de la conscience des ouvriers, livrés à la méditation pacifique de leur situation, à l'abri des passions du moment et de l'enivrement de la foule...

Dans plus d'un rapport, on rencontre des déclarations comme celles-ci : L'ouvrier veut sincèrement l'apaisement de toutes les colères, le renoncement à toutes les récriminations ; il désire avant tout la concorde, l'entente, l'harmonie entre les patrons et les ouvriers. — Nous voulons l'égalité, *non pour faire descendre le maître au niveau de l'ouvrier, mais pour élever celui-ci, par l'instruction, par la dignité, par la bonne conduite, au niveau du maître.* — Il faut en finir avec l'antagonisme entre les patrons et les ouvriers français ; la concorde, l'entente, la conciliation de tous

(1) Au mois de juin 1870, profitant de la tolérance du nouveau ministère à l'égard de la presse et comptant exploiter la petite agitation libérale qui se produisait alors, plusieurs journaux révolutionnaires parurent. L'un d'eux s'intitulait *Le Socialiste.* Dans son premier numéro, — il fut supprimé dès le second, — il constatait le terrain perdu par la cause qu'il voulait relever : « Depuis quinze ans, disait-il, le mot de socialisme a disparu de la langue française et l'idée a paru cesser d'exister. »

les intérêts, voilà ce que nous demandons, encore moins dans un intérêt personnel, que dans l'intérêt de la société.

Quelques mois encore avant le 4 septembre, ceux-là même qui accusent le plus vivement l'Empire d'avoir fomenté la révolution sociale, prétendaient qu'il l'avait absolument écrasée et qu'il n'affectait de craindre un retour offensif de sa part que pour émouvoir l'opinion, dans un intérêt dynastique.

Au mois d'avril 1870, la *Gazette de France,* — raillant les fonctionnaires et les journaux officieux qui osaient insinuer que les passions révolutionnaires pourraient bien se réveiller, sous l'excitation des partis, — disait :

Ces courtiers en plébiscite, n'ayant aucune bonne raison à donner à l'appui de leur propagande, en agissent avec les populations, comme avec les enfants que l'on rend obéissants en les menaçant de Croquemitaine.

Et, quelques jours plus tard, le *Français :*

Qu'on ne vienne plus dresser devant nous le spectre rouge ! Qu'on ne nous épouvante plus, comme les enfants, avec la silhouette de la guillotine ! Qu'on ne nous montre plus à l'horizon des barricades, des nuages noirs et des lueurs sinistres.

Moins d'un an après, ces optimistes recevaient un cruel démenti ; Croquemitaine ne les faisait plus sourire ; le spectre rouge entrait en scène, avec toutes ses horreurs dont leur incrédulité nous avait fait l'ironique énumération. Rien n'y manquait : ni les barricades, ni les lueurs sinistres, ni même la guillotine, car les pelotons d'exécution, plus expéditifs, la remplaçaient avec avantage.

Que leur optimisme et leur incrédulité de la veille

fussent sincères, nous le croyons volontiers. Mais pour qu'ils méconnussent à ce point un péril dont l'esprit des dernières générations, — nous en avons fourni la preuve, — avait été constamment obsédé, ne fallait-il pas que la cause de l'anarchie, loin de se fortifier, se fût affaiblie et qu'il y eut dans l'état moral du prolétariat de sérieux symptômes d'apaisement?

Mais ces symptômes n'étaient-ils pas trompeurs ? L'explosion du 18 mars 1871 n'a-t-elle pas prouvé que l'apaisement signalé par les amis ou les adversaires du régime impérial ne s'était produit qu'à la surface ? Loin de calmer les passions anarchiques, l'Empire ne les avait-il pas exaspérées, en les comprimant? Le torrent qu'il croyait avoir à jamais endigué, ne devait-il pas rompre ses digues, un jour ou l'autre, et se répandre avec d'autant plus de violence qu'il avait été plus violemment contenu ?

Non; pour n'avoir pas duré plus que lui-même, le progrès accompli par l'Empire n'en était pas moins sérieux. Bien que la société se soit retrouvée, dès le lendemain de sa chute, aussi gravement malade qu'elle l'était la veille de son avènement, il est cependant certain que l'Empire avait enrayé le mal. Ce mal était trop profond, trop invétéré pour qu'en dix ou quinze ans il crut l'avoir guéri : on ne le guérira jamais. Les mauvais instincts de la nature humaine sont incurables. Ils entretiennent en nous un foyer de pestilence, qu'on peut assoupir, qu'on peut isoler, mais qui sera toujours prêt à se ranimer, dès qu'on lui fournira de nouveaux aliments (1). Napoléon III était parvenu à circonscrire

____

(1) Ce n'est pas de la populace de son temps, c'est de la

ce foyer. L'agitation libérale des dernières années de l'Empire, en stimulant les convoitises anarchiques par l'espoir d'un prochain bouleversement, l'avait élargi. Le 4 septembre lui livra le pays. S'y propageant en toute liberté, le virus révolutionnaire fit aussitôt d'immenses ravages. Il n'a cessé d'en faire depuis. La « semaine sanglante » a rétabli l'ordre matériel dans la rue : elle a laissé dans les cœurs un âpre désir de revanche et de représailles, qui ne prend même plus la peine de se dissimuler (1).

Si quelque nouvelle délégation ouvrière voulait reproduire les déclarations pacifiques que M. de Melun signalait dans les cahiers de 1868, elle serait énergiquement désavouée. Qu'on ne parle plus d' « entente » ni de « concorde », comme on le faisait alors : c'est « la haine » qu'on prêche aujourd'hui, comme « le seul ser-

populace de tous les temps qu'Eugène Pelletan a écrit : « Il y a au fond des masses populaires un instinct brutal de destruction, assoupi ou comprimé, mais qui, une fois réveillé devient terrible. Elles égorgent sans savoir pourquoi, pour des mots dont elles n'ont jamais compris l'idée. »

Tocqueville disait, en 1840, à la tribune : « Croyez-vous que je ne sache pas qu'au fond de cette grande société civilisée au milieu de laquelle nous vivons, il y a une petite société de barbares, toujours prête à saisir le moment que lui laisse le sommeil léthargique de la grande pour s'emparer des rênes du gouvernement et ensevelir, dans une même catastrophe, **non seulement vous**, non seulement moi, mais tout le monde, mais la société tout entière, mais la civilisation peut-être. »

(1) La *Bataille* publiait récemment une gravure représentant les principaux personnages politiques et militaires du jour, rangés devant le peloton d'exécution ; — avec cette légende :

Regardez donc la bourgeoisie
Triomphante dans son Congrès !
Le peuple aura le sien peut-être.
Car tout crime a son lendemain.
Alors, malheur ! malheur au maître
Qui barrera le flot humain !
La haine est comme une avalanche
Qui, dans sa marche, se nourrit.
Notre Congrès de la Revanche
Nous le tiendrons à Satory.

ment d'émancipation » pour les serfs de la glèbe ou de l'atelier (1). Qu'on ne demande plus que l'ouvrier « s'élève au niveau du maître » : c'est le résultat contraire qu'il faut poursuivre ; on l'a dit dans une réunion publique, où ce nouveau programme a obtenu un grand succès (2). Qu'on ne cherche plus à « rétablir l'harmonie » entre le peuple et la bourgeoisie par « la conciliation de leurs intérêts ». Il faut supprimer la bourgeoisie, les capitalistes par tous les moyens, même les plus violents (3). Il faut substituer « à la vermine possédante les parias de la société » (4), devenant, à leur tour, une caste exclusive et privilégiée (5).

Si l'on veut apprécier avec sûreté la différence des temps, aux cahiers que la classe ouvrière rédigeait, il y a

---

(1) « Il est temps de dire que, de toutes les passions collectives, l'amour est la plus féconde en surprises dangereuses et décevantes. Il est temps de dire que la haine est le plus puissant si ce n'est le seul ferment d'emancipation. Il est temps de dire que les classes, comme les individus, comme les nations, qui ne savent pas haïr, sont sur la pente de la décadence. Et, quand nous parlons de la haine, nous ne voulons pas parler de cette haine vague et pour ainsi dire platonique qui ne s'adresse qu'aux institutions, mais de la haine positive et réaliste, qui s'en prend aux personnes, aux êtres vivants, des objets de chair et d'os. » (*Le Droit social.*)

(2) « On a dit qu'il fallait faire de l'ouvrier un bourgeois. Citoyens, c'est le contraire : il faut faire du bourgeois un ouvrier. » (Le citoyen Grégoire, à la salle Lévis, octobre 1880.)

(3) « Oui, il faut que le bourgeois disparaisse, et par quelque moyen que ce soit. Employons le poignard, le poison, la dynamite pour détruire ces capitalistes. Frappons dans l'ombre. Un capitaliste qu'on ne peut pas frapper par devant, ne doit pas être abandonné ; il reste encore l'espoir de le frapper par derrière ou de lui verser dans son café quelques gouttes d'arsenic.» (*Le Drapeau noir.*)

(4) Protestation des *Sarcleurs de Vaison.*

(5) « Pour aller jusqu'au fond de notre pensée, nous dirons que nous aspirons au moment où la classe ouvrière sera seule à consommer toutes les bonnes choses que produit notre globe, non seulement parce qu'elle est seule apte à les rendre consom-

quinze ans, pour formuler ses prétentions on n'a qu'à opposer les dépositions de ses délégués a l'enquête parlementaire de 1884, dépositions dont la *Liberté* résumait l'esprit, en disant :

Tous ces gens-là-songent bien moins aux solutions pratiques des grands problèmes de la production et de la consommation qu'à la révolution sociale qui, suivant la formule de Lassalle, fera triompher le quatrième ordre et fondera l'État ouvrier sur les ruines de l'État bourgeois.

A ceux qui dénoncent le caractère démagogique et l'influence subversive de sa politique, l'Empire peut donc opposer un résultat matériel, que tout régime serait fier d'avoir obtenu : s'il n'a pas eu le temps de ramener définitivement la paix entre les classes, il leur a du moins imposé une trêve ; s'il n'a pas supprimé la guerre sociale, il l'a du moins suspendue ; et, pour rappeler la parole de M. Guizot que nous citions tout à l'heure, « après lui la guerre a recommencé ».

Ce n'est pas seulement dans l'ordre politique et dans l'ordre social, c'est aussi dans l'ordre religieux que l'Empire accomplit son œuvre de transaction entre des intérêts divergents.

Le prosélytisme religieux ne connaît pas de limites. Il ne peut jamais se declarer satisfait. Il montre, il doit montrer, chaque jour, de nouvelles exigences.

mables par son travail, mais encore et surtout parce que seule elle peut les consommer utilement, avec profit pour notre espèce. »
— L'anarchiste Dumay exprimait, en un seul mot, la même idée, lorsque, qualifié de *partageux*, il répliquait vivement : « Partager ? Nous voulons tout ! »

C'est le devoir d'un gouvernement, qui a le sentiment de sa mission, de discerner ce que ces exigences ont de réalisable, ce qu'elles ont d'excessif, et jusqu'à quel point il peut les satisfaire sans compromettre les droits de la société civile. En suivant cette règle de conduite, en protégeant l'Église, mais en la maintenant dans son domaine, il la sert autant pour le moins que l'État, car il la préserve des attaques et des revanches de la passion politique.

La Restauration, en cherchant à faire de l'Église un instrument de règne, lui a causé un long préjudice (1).

Le Gouvernement de Juillet, cédant au mouvement de réaction que cette imprudence avait provoquée lui témoigna d'abord du mauvais vouloir, jusqu'à la fin, de la défiance.

La République lui fait ouvertement la guerre.

L'Empire a mieux compris son devoir.

(1) « A mesure que la Restauration s'établissait, l'union de l'Eglise et de l'Etat devenait de plus en plus évidente..... La nation fut ou plutôt se crut gouvernée par les prêtres et aperçut partout leur influence. C'est alors qu'on vit renaître ce qu'on appelle chez nous l'esprit voltairien, c'est-à-dire l'esprit d'hostilité systématique et de moqueries non seulement contre les ministres de la religion, mais contre la religion elle-même. Tous les livres du XVIIIe siècle furent réimprimés et distribués à bon marché au peuple. La haine d'une partie de la population contre le clergé prit une violence inconcevable. Je remplissais alors des fonctions analogues à celles de procureur du roi et je remarquais que toutes les fois qu'un prêtre avait le malheur d'être accusé d'un crime ou d'un délit, le jury, en général si indulgent, condamnait toujours à l'unanimité. Le clergé, *qui n'était d'aucun parti sous l'Empire*, devint sous la Restauration un parti. Il se joignit aux absolutistes les plus décidés. De là résulta un effet bien funeste. Presque tous les libéraux, c'est-à-dire la grande majorité de la nation devinrent irréligieux par principe politique. En faisant de l'impiété, ils croyaient faire de l'opposition. On vit souvent alors des hommes très honnêtes entrer en fureur au seul nom de religion... » (Tocqueville. *Lettre à Lord Radnor.*)

Sans compromettre l'Église, Napoléon Ier lui restitua, dans le pays, la grande place à laquelle elle a droit.

Sans la compromettre davantage, Napoléon III augmenta ses ressources matérielles, élargit la sphère de son action, la débarrassa d'inutiles entraves, la traita mieux enfin qu'elle n'avait été traitée depuis des siècles (1). Il eût supprimé, à son profit le monopole de l'État dans l'enseignement supérieur (2) comme il avait contribué à le supprimer dans l'enseignement secondaire (3); et, même dans les écoles de l'Université, — sans que celle-ci en prît ombrage, — il lui assurait sa place légitime. M. Rouland, ministre de l'Instrution publique, disait, en 1863, à la tribune du Sénat :

Les tendances du gouvernement dans l'instruction publique, sous la haute influence de l'Empereur, consistent

(1) A un de ses parents, s'étonnant qu'il se fût, lui autrefois royaliste ardent, rallié si nettement à l'Empire, Mgr de Salinis écrivait : « j'ai cru que c'était pour moi un devoir de prêter mon concours à un gouvernement qui a sauvé la France, qui l'a faite, en quelques années, si grande aux yeux du monde, qui donne à l'Eglise la plus grande liberté dont elle ait joui *depuis saint Louis.* »

— « Autant que les exigences de l'esprit moderne l'ont permis, vous avez rappelé sur ces os arides que le paganisme révolutionnaire avait dessèches l'esprit du vrai christianisme, du christianisme complet, du catholicisme en un mot... Il faut le reconnaître et l'avouer tout haut, parce que c'est la vérité, depuis longtemps l'Eglise n'avait joui d'autant de liberté que sous votre gouvernement. » (*Le Père* VENTURA. *Sermon prononcé en 1857 à la chapelle des Tuileries.*)

(2) Un projet de loi sur la liberté de l'enseignement supérieur, déjà elabore sous l'administration de M. Duruy, allait être repris quand la guerre éclata.

(3) « Sous la présidence et par la présidence fut proposée et promulguee la loi sur l'enseignement, plus favorable à la liberté de l'Eglise que tout ce qu'il avait été possible non d'espérer mais de rêver durant les dix-huit années de Louis-Philippe. Et si l'affranchissement n'a pas eté plus complet, ce n'est pas au president qu'il faut l'imputer. » (LOUIS VEUILLOT. L'*Univers*, 1868.)

dans le respect de la religion de nos pères... Vous pouvez voir tous nos établissements ouverts par la loi aux évêques, qui y dirigent souverainement l'éducation religieuse... Nous estimons qu'en présence de cette religion qui assiste au berceau de l'enfant, qui devra le suivre dans ses études, quand il grandit et s'apprête au rude labeur social, nous estimons, dis-je, que notre premier devoir est de lui ouvrir toutes les portes de nos établissements, afin qu'elle puisse y accomplir sa mission envers les hommes et envers Dieu.

Napoléon III savait qu'à cet égard la génération nouvelle avait d'autres besoins que la précédente; il savait que le sentiment religieux s'était largement développé en France, — sans que pourtant l'instinctive répugnance des populations contre toute ingérence de l'autorité spirituelle dans les affaires temporelles en fut sensiblement atténuée (1). Il maintint la ligne de démarcation nécessaire entre les deux domaines. Son nom aurait suffi d'ailleurs à rassurer sur ce point. Comme Napoléon Ier avait pu favoriser la vieille noblesse sans inquiéter l'esprit démocratique, Napoléon III pouvait protéger le clergé, séculier ou régulier, manifester en toute occasion sa profonde déférence pour l'Église, choisir le Pape comme parrain de son fils, parler, agir (2) comme aucun

---

(1) « Le paysan respecte le curé, mais il n'entend pas que le curé devienne le maire. Il admet les croyances religieuses et les pratiques du culte, mais il ne veut pas être clérical. Il reconnaît volontiers les supériorités intellectuelles et sociales, mais il est jaloux des droits conquis. Il repousse l'ancien régime dont il a gardé en bloc un detestable souvenir et il ne se ralliera franchement qu'à des institutions inspirées de l'esprit nouveau. Tout cela est raisonnable et il faut lui persuader que les conservateurs qui le sollicitent ne veulent sincèrement pas autre chose. » (PH. DE GRANDLIEU. *Figaro.*)

(2) Les paroles ? On n'a qu'à ouvrir le recueil de ses discours. On trouvera à chaque page des déclarations commé celle-ci : « La religion est la base de toute société et de tout gouverne-

autre souverain n'aurait peut-être osé le faire (1) sans éveiller jamais les susceptibilités de l'esprit civil.

ment qui a le sentiment de sa mission. C'est elle qui fait ma force et me guide dans la voie où je marche. » — « La France veut un gouvernement assez fort pour appeler à lui tous les honnêtes gens, assez consciencieux pour déclarer qu'il protège hautement la religion catholique, tout en respectant la liberté des cultes. » — « Mon gouvernement, je le dis avec orgueil, est un des seuls qui aient soutenu la religion pour elle-même, non comme un instrument politique et pour plaire à un parti, mais uniquement par conviction, par amour du bien qu'elle inspire et des vérités qu'elle enseigne. » — « On peut voir par ce qui se passe (août 1869) combien il est indispensable d'affirmer les grands principes du christianisme qui nous enseignent la vertu pour bien vivre et la croyance à l'éternité pour bien mourir. »

— Les actes ? Citons seulement les principaux : la formule « par la grâce de Dieu » rétablie ; — la bénédiction des aigles ; — la restitution du Panthéon au culte ; — l'organisation de la chapelle impériale et la prédication du carême aux Tuileries ; — les cardinaux admis de droit au Sénat et l'archevêque de Paris au Conseil privé ; — la liberté d'enseignement protégée de toute façon ; — l'éducation religieuse assurée dans les établissements universitaires sous le contrôle de l'épiscopat ; — le budget des cultes constamment accru ; — les aumôniers des dernières prières créés ; — les aumôniers de la marine et de la flotte, la grande aumônerie, le chapitre de Saint-Denis rétablis ; — la messe militaire instituée au Val-de-Grâce ; — les sœurs de charité introduites dans les hôpitaux militaires ; — le repos dominical recommandé par plusieurs circulaires ministérielles ; — l'éclat donné au baptême du Prince impérial (auquel assistaient 85 évêques) et à sa première communion ; — la protection incessante accordée aux intérêts catholiques, aux missionnaires, sur tous les points du globe, etc., etc.

L'Empire donna au clergé le bien qui lui est le plus précieux : la liberté absolue dans le domaine spirituel. Laissant tomber en désuétude la doctrine gallicane, il permit aux évêques d'interdire l'enseignement de la déclaration de 1682 ; il les laissa communiquer comme ils le voulurent avec le Pape et entre eux et rétablir les conciles provinciaux depuis longtemps supprimés. Il n'apporta aucun obstacle à l'adoption de la liturgie romaine ; il n'appuya pas plus les prélats hostiles à cette réforme que les prélats opposés à la déclaration de l'infaillibilité. Il assura l'entière indépendance du concile de 1870, « n'accompagnant pas même l'expression de sa confiance des réserves qu'on a faites ailleurs » (c'est-à-dire dans presque tous les pays catholiques), comme Pie IX reconnaissant le disait à notre ambassadeur.

(1) Tel était, du moins, l'avis de Louis Veuillot : « Ce que

Nous avons vu depuis combien ces susceptibilités étaient vivaces et faciles à ranimer. En 1874, le pouvoir était occupé par un soldat, qui avait conquis son bâton de maréchal et son titre de duc à la tête d'une armée impériale, qui venait de manifester son attachement pour le drapeau tricolore et qui pouvait assurément passer pour un homme de son temps. Mais on voyait autour de lui l'élite du parti royaliste : il n'en fallut pas davantage pour provoquer un sentiment de défiance que ses ennemis se hâtèrent d'exploiter. Ils surnommèrent son gouvernement « le gouvernement des curés ». Sentant quel coup leur portait cette perfide qualification, ses ministres la repoussèrent avec énergie et s'appliquèrent soigneusement à ne rien faire qui parût la justifier. Le maréchal lui-même crut devoir s'expliquer à cet égard (1) ; et, quand il voyagea dans

Louis-Napoléon a fait pour la religion, par conséquent pour l'ordre social, disait-il en 1854, aucun homme connu n'aurait pu le faire. L'Eglise jouit sous son règne d'une liberté qu'elle n'a pas connue depuis des siècles. « En 1868, après les demêles qu'il avait eus avec le gouvernement imperial, au sujet de la question romaine, rappelant les services rendus par les Bonaparte au catholicisme, il écrivait encore : « C'est beaucoup, c'est immense. En fait d'etats de service, nulle dynastie n'en a de pareils depuis que la révolution ebranle l'assiette du genre humain. »

Un ecrivain, fort peu sympathique au régime impérial, M. le marquis de Segur, racontant la vie de son frère, exprimait la meme idée. Parlant de l'intention qu'aurait eue Napoleon III, au début de son règne, d'accorder une plus large part au clergé dans l'enseignement et de divers autres projets de même nature, il disait : « *Ces velléités étudiées, transformées en lois, eussent été acceptées par l'opinion publique des mains du neveu de Napoléon Ier plus facilement que de celles du petit-fils de saint Louis.* »

(1) « On a accusé mes intentions, dénaturé mes actes. On a parle de relations exterieures compromises, de Constitution violée, de liberté de conscience menacée. On est alle jusqu'à évoquer le fantôme de je ne sais quel retour aux abus de l'ancien régime, de je ne sais quelle influence occulte que l'on a

le centre de la France il s'abstint de certaines manifestations de déférence envers le clergé que Napoléon III avait pu faire, avec l'approbation générale.

A ces adversaires aveugles de l'Empereur qui prétendaient, en sapant son trône, servir les intérêts religieux, M. Billault avait dit, en 1861 :

Si, par malheur, ce gouvernement, si largement assis sur sa base populaire, venait, un jour, à être ébranlé, ah ! prenez garde ! ceux qui l'attaquent en ce moment seraient les premiers écrasés par sa chute.

L'événement n'a que trop bien réalisé cette prédiction, trop bien montré au clergé qu'avec l'Empire son plus sûr abri avait disparu.

Des catholiques refusent encore d'en convenir et accusent le régime impérial de les avoir insuffisamment protégés, tandis qu'on lui adresse d'autre part, le reproche contraire (1). ‚Quand on cherche à séparer des individus ou des partis prêts à en venir aux mains, on reçoit toujours quelque coup des uns et des autres. On s'en console si l'on a réussi à les séparer. L'Empire peut donc se consoler de ces accusations contradic-

appelée le gouvernement des prêtres. Ce sont là autant de calomnies. Le bon sens en a déjà fait justice en France et à l'étranger. » (Maréchal DE MAC-MAHON. *Discours de Bourges*.)

(1) A quelques jours de distance on vit Napoléon III accusé par la *Gazette de France* d'avoir « opprimé l'Eglise », — par le *Télégraphe* d'avoir « comblé le cléricalisme de faveurs. »
Vers le même temps, le recteur de l'académie d'Aix, déplorant la part prise à l'enseignement secondaire ou supérieur par les congréganistes, écrivait : « Ils ont fondé des collèges de garçons et de filles, des écoles préparatoires à Saint-Cyr et à l'Ecole Polytechnique. *Grâce à la connivence de l'Empire* ils ont réussi de cette façon à obtenir le résultat dont nous souffrons aujourd'hui. »

toires, en montrant le résultat qu'il avait obtenu.

Il a rétabli, par deux fois, la paix religieuse comme la paix sociale ; et,. suspendue par lui, la guerre entre les catholiques et les sectaires intolérants de la libre-pensée « a recommencé après lui ».

Qu'à l'intérieur, le second Empire ait constamment soutenu la religion, honoré ses ministres, on ne peut le contester sans être démenti par les faits. Mais beaucoup de ceux mêmes qui lui rendent justice sur ce point, l'accusent d'avoir, par une contradiction singulière, sacrifié au dehors ces intérêts catholiques qu'il protégeait au dedans, en provoquant la chute du pouvoir temporel, en faisant naître la question romaine.

Une telle contradiction est-elle vraisemblable ? Si, dans cette question, la passion politique n'avait exploité les sentiments, les scrupules les plus respectables, si elle avait permis d'examiner froidement les intérêts complexes qui y étaient engagés, n'aurait-on pas compris qu'elle ne pouvait être, qu'elle n'était pas dans la pensée de Napoléon III ; qu'en offrant à Pie IX la présidence de la Confédération italienne, l'Empereur ne songeait point à amoindrir sa puissance, et, que loin d'avoir volontairement creusé l'abîme ou devait s'effondrer le trône pontifical, il s'était au contraire efforcé de le combler ?

Pas plus que la question sociale, la question romaine n'est née sous l'Empire. Bien avant 1851, bien avant 1848, toutes les chancelleries la considéraient déjà comme un des plus difficiles problèmes de la politique européenne. Le Pape avait été ramené dans ses États, il y était maintenu par une force étrangère. L'occupation de Rome par une garnison française, l'occupation des Romagnes par une garnison autrichienne pouvaient-elles durer indéfiniment? C'était une trève; ce n'était pas une solution définitive.

C'est cette solution définitive que poursuivait Napoléon III quand, au mois de juillet 1859, dans une lettre, publiée depuis, il écrivait au Souverain-Pontife :

« Que votre Sainteté consente, ou que plutôt, *de proprio motu*, elle veuille bien accorder aux Légations et aux Marches une administration séparée, un gouvernement laïque, nommé par Elle, mais entouré d'un conséil formé par l'élection... Je supplie votre Sainteté d'écouter la voix d'un fils dévoué de l'Église, mais qui comprend les nécessités de son époque et qui sait que la force brutale ne suffit pas pour résoudre les questions. Je vois dans la décision de votre Sainteté ou le germe d'un avenir de paix et de tranquillité, ou bien la continuation d'un état violent et calamiteux (1).

L'Empereur qui, depuis dix ans, soutenait le Pape à Rome, qui venait d'affranchir l'Italie du joug autrichien, croyait pouvoir alors, et pouvoir seul, amener une réconciliation qu'il jugeait nécessaire, et, au prix de légers sacrifices (2), asseoir le trône pontifical sur d'inébranlables fondements.

____

(1) C'est cette même pensée qui animait la brochure *le Pape et le Congrès*, dont les derniers mots étaient : « Napoléon Ier, par le Concordat, a réconcilié la société nouvelle et la foi. Puisse son héritier avoir l'honneur de réconcilier à son tour, le Pape, comme son souverain temporel, avec son peuple et avec son temps. »

(2) M. le duc d'Harcourt, rendant compte de l'audience dans laquelle il avait remis ses lettres de créance au pape Pie IX, ecrivait, le 26 avril 1871, au ministre des affaires étrangères : « Le Pape a repris à peu près en ces termes : « L'avenir sera ce qu'il plaira à Dieu. La souveraineté n'est pas à rechercher dans

La tentative échoua ; mais nous restons convaincu qu'elle n'était pas chimérique et que, mieux comprise, elle eût réglé, à l'avantage de tous, un différend dont la solution ne pouvait indéfiniment s'ajourner.

La suite des temps ne l'a-t-elle pas prouvé ? Si la question romaine n'avait pas été rouverte sous l'Empire, ne l'aurait-elle pas été depuis ? Pie IX, que Napoléon III avait ramené dans ses États, qu'il avait maintenu, qu'il aurait toujours maintenu à Rome (1), ne devait-il pas être fatalement entraîné dans sa chute ? La République eût-elle longtemps monté la garde auprès du Vatican ?

des temps comme ceux-ci, je le sais mieux que personne. Tout ce que je désire c'est un petit coin de terre où je serais le maître. Si l'on m'offrait de me rendre mes Etats, je refuserais ; mais tant que je n'aurai pas ce petit coin de terre, je ne pourrai exercer dans leur plénitude mes fonctions spirituelles. »

— « Quelles conditions le Saint-Siège mettrait-il aujourd'hui à sa réconciliation avec la maison de Savoie ? Le Vatican, depuis l'avènement de Léon XIII, les a plus d'une fois laissé entrevoir d'une manière au moins officieuse. Le successeur de Pie IX ne demande pas à l'Italie de renoncer à son unité. Pour donner l'absolution aux usurpateurs, il ne demande plus la restitution intégrale des Etats ravis à l'Eglise ; il ne paraît même plus reclamer formellement le retour de Rome à ses anciens maîtres ecclésiastiques. Léon XIII du moins ne se fait pas scrupule de laisser mettre en avant des combinaisons naguère repoussées avec dédain par son prédécesseur. S'il prétend toujours faire reconnaître la souveraineté du Saint-Siège, il semble prêt à se contenter d'une sorte de haute souveraineté ou de suzeraineté idéale qui, sans lui rendre une autorité temporelle directe, assurerait davantage sa souveraineté personnelle. » (PAUL LEROY-BEAULIEU. *Le Vatican et le Quirinal depuis* 1878.)

(1) « En ce qui touche la capitale, Napoléon III se rangea résolument à l'avis d'Azeglio contre Cavour. Toujours prêt à accueillir les combinaisons de nature à assurer aux Romains les bienfaits d'un bon gouvernement, il n'admit pas un instant que Rome pût devenir la capitale et le séjour du roi d'Italie. Sa raison était que l'indépendance spirituelle de la Papauté, que sa liberté, sa dignité n'étaient pas conciliables avec l'installation à Rome d'un roi, d'une administration, d'une armée, d'une presse, d'un parlement italiens. » (EMILE OLLIVIER. *L'Eglise et l'Etat au concile du Vatican.*)

Et quelle puissance catholique y eût pris notre place ?
Est-ce M. de Beust qui eût envoyé à Rome une garnison autrichienne ? M. Sagasta qui y eût envoyé une
grrnison espagnole ? M. de Bray qui y eût envoyé une
garnison bavaroise ? Et si M. Malou y eût envoyé une
garnison belge, M. Frère-Orban ne l'eût-il pas bientôt
rappelée ? (1) Affranchir la souveraineté pontificale
d'une tutelle aussi précaire, subordonnée à toutes les
fluctuations de la politique européenne, et l'asseoir, au
mitieu de l'Italie pacifiée, sur des bases assez solides
pour qu'elle pût s'y maintenir sans secours de l'étranger,
— n'était-ce donc pas une pensée prévoyante ?

Dans tous les actes du régime impérial, on retrouve
le même système, aboutissant aux mêmes résultats. En
Algérie, comme sur le continent, Napoléon III avait
poursuivi et atteint ce but : la pacification par l'accord
des intérêts rivaux.

De même qu'il avait contenu le prolétariat, en lui
donnant de légitimes satisfactions, et mis ainsi les
classes supérieures à l'abri de ses revendications violentes, de même, en adoptant à l'égard des Arabes une
politique à la fois plus généreuse et plus ferme, il
garantit la population européenne contre un retour
offensif de leur part : « Si les Arabes voient leurs
besoins matériels et moraux satisfaits, — écrivait-il

(1) « Partout les princes se désintéressent de la direction des
affaires, partout les ministères sont les esclaves de Chambres
capricieuses... Léon XIII ne peut s'appuyer sûrement sur aucun
prince, sur aucun cabinet, sur aucun parlement Il n'est pas de
parlement, de cabinet, de prince qui ne considère comme une
délivrance de n'avoir plus à négocier avec le Vatican. (Louis
Teste. *Léon XIII.*)

dans la lettre-programme qu'il adressait au maréchal de Mac-Mahon, — il sera beaucoup plus facile de les maintenir dans le devoir. Les insurrections comme les attentats partiels seront beaucoup moins fréquents et la sécurité affermie permettra aux Européens de se livrer sans crainte à leurs travaux. La pacification des Arabes est donc la base de la colonisation. » L'expérience lui donna pleinement raison. En 1870, à l'heure de nos désastres, quand l'Algérie, dégarnie de troupes, était pour ainsi dire, livrée à leur générosité, les Arabes, conquis par la politique de l'Empereur, restèrent soumis et fidèles à la France. Dès que l'administration républicaine voulut abandonner ce système, le fanatisme musulman se réveilla, et, là encore, la guerre recommença !

III

LES INSTITUTIONS DE L'EMPIRE

Ce qui fait de l'Empire le régime le mieux approprié
à notre société démocratique, le plus apte à satisfaire
ses besoins légitimes en contenant ses passions, ce
n'est pas seulement son principe, c'est encore l'esprit
de ses institutions.

A une démocratie, surtout à une démocratie centra-
lisée comme la nôtre, où rien n'échappe à l'ingérence
de l'État, où les intérêts de chacun peuvent être atteints
par la négligence ou l'impéritie du pouvoir central, —
que faut-il ?

Il faut un gouvernement assez fort, assez solidement
assis pour assurer la sécurité, qui est le ressort de la
vie nationale, — assez actif pour développer la prospérité publique, qui est le premier besoin des générations nouvelles (1), — assez indépendant pour choisir

(1) « Le nom de République éveille moins qu'autrefois l'idée
de la tyrannie démagogique et de l'échafaud politique ; mais il

ses agents, — depuis le ministre jusqu'au chef de bureau, sans autre considération que l'avantage du service spécial qui leur est confié ; — un gouvernement qui ne se contente pas de vivre au jour le jour et qui songe à l'avenir ; un gouvernement qui ne soit pas obligé de consacrer tout son temps à pérorer, toutes ses forces à se défendre ; — un gouvernement qui ait le loisir d'étudier longuement les réformes, de les proposer en temps opportun et d'en poursuivre l'exécution, sans être entravé par aucune influence de coterie. Il faut, — pour tout dire en un mot, — un gouvernement qui gouverne.

Tel est l'Empire.

Avec lui, selon le mot célèbre, la pyramide est replacée sur sa base. La dynastie tient sans doute son droit de la volonté nationale ; mais, comme le magistrat inamovible, après son investiture, elle ne relève plus que de sa conscience. Le peuple lui a délégué ses pouvoirs : elle les exerce librement, sous le contrôle et non sous la tutelle des Chambres.

L'Empereur peut former à son gré, — et il a tout intérêt à le bien former, — le personnel de son gouver-

réveille plus qu'autrefois l'idée d'une insécurité générale et d'une guerre déclarée entre les classes pour la possession des biens matériels. Ces appréhensions nouvelles ne font guère moins de tort au nom de République que les appréhensions anciennes, *car nos sociétés si laborieuses sont de plus en plus avides d'ordre et de sécurité*, et tiennent à la richesse au moins autant qu'à la vie. » (PRÉVOST-PARADOL. *La France nouvelle.*)

« Les modérés, qui *sont la grande masse de la France*, la masse laborieuse, industrielle, agricole, mais à qui il ne plaît pas, occupés qu'ils sont à leurs affaires, d'entrer par eux-mêmes en lutte dans l'arène politique, cherchent un gouvernement fort et respecté, qui préserve suffisamment l'avenir contre les retours sinistres et désastreux du passé démagogique. Ce gouvernement l'avons-nous ? » (*Le National.* 1883.)

nement. Ses ministres ne lui sont pas imposés en bloc, à la suite d'un tournoi parlementaire où ils ont remporté le prix de l'eloquence. Désignés individuellement à son choix par leur mérite, leur aptitude, leur compétence, ils gardent assez longtemps leur portefeuille pour en connaître les moindres dosssiers (1). Ne relevant que du souverain et de l'opinion, ils font tranquillement leur besogne, sans être harcelés à tout instant par la majorité souveraine, sans être obligés d'acheter, chaque jour et par tous les moyens, ses bonnes grâces Leur départ, qui n'implique pas la défaite d'un parti, le triomphe d'un autre, ne bouleverse ni les choses ni le personnel. Leurs agents, qui ne sont pas les créatures de tel ou tel groupe, mais les créatures de l'État, n'ont rien à espérer, rien à craindre des oscillations de la politique et ne songent qu'à remplir, pour le mieux, leurs fonctions (2).

Au-dessous des ministres et les secondant, un Conscil d'État recruté avec soin dans toutes les carrières, prépare les lois que le Corps législatif adopte ou repousse, sans en troubler l'économie par des amendements improvisés (3).

Les députés, n'ayant pas d'intérêt personnel à

(1) Sous le second Empire chaque ministre conservait, en moyenne, son portefeuille pendant trois ou quatre ans.

(2) Plusieurs départements n'eurent, de 1851 à 1870, qu'un seul préfet : ainsi la Seine-Inférieure (baron Leroy) ; le Finistère (baron Richard) ; les Ardennes (vicomte Foy). Beaucoup d'autres gardèrent le même préfet pendant plus de dix ans, comme la Loire-Inférieure (M. Henri Chevreau) ; le Gard (baron Dulimbert); la Somme (M. Cornuau) ; le Calvados (M. Leprovost de Launay); la Charente-Inferieure (M. Boffinton) ; l'Oise (M. Léon Chevreau), etc. etc.

(3) « Un républicain me disait hier, au Palais Bourbon : « Cette Chambre est tout simplement en train de réhabiliter

renverser des ministres auxquels ils ne peuvent succéder, ne leur cherchent pas d'inutiles querelles. Leurs sessions, moins longues, sont mieux remplies (1); leurs débats, moins bruyants, sont plus solides. Ils font moins d'interpellations tapageuses, mais traiteut plus sérieusement les affaires. Considérant, avec raison, le budget comme la plus importantes de toutes, ils n'en ajournent pas le vote aux derniers jours de l'année, pour l'expédier, en quelques séances (2), mais ils l'examinent

Napoléon Ier. — Comment ? — Elle prouve en effet à quel point Napoléon Ier s'est montré sage en attribuant la préparation des lois au Conseil d'Etat. » (PIERRE VEUILLOT. *L'Univers.*)

(1) J'ai sous les yeux les bilans des dernières sessions du Corps législatif. J'en prends un comme type (les autres n'étant pas moins chargés), celui de la session 1868. Parmi les lois votées j'y vois: Loi portant ouverture d'un crédit pour subventions aux travaux d'utilité communale ; lois sur l'organisation de l'armée et de la garde mobile ; — sur la presse ; — sur les réunions publiques; — lois relatives à l'amélioration des ports de Dunkerque, de Gravelines et de Bordeaux ; — à l'établissement de Bourbonne-les-Bains ; — aux chemins de fer de l'Ouest, — des Charentes, — de Lyon, — de l'Est, — du Midi, — d'Orléans, — de Vitré à Fougères, — à l'appel du contingent, — à l'établissement thermal de Moutiers ; — à la commission européenne du Danube ; — à la construction de bâtiments pour la Légion d'honneur ; — au canal de Suez ; — au service postal dans les mers de l'Inde, de la Chine et du Japon ; — au service de Panama et Valparaiso ; — lois sur le régime des douanes ; — sur les brevets d'invention ; — sur la création d'une caisse d'assurances en cas de mort ou d'accidents ; — sur la réduction de la taxe télégraphique ; — sur l'achèvement des chemins vicinaux ; — sur l'instruction primaire ; — sur l'abrogation de l'art. 1781, etc. etc. Qu'on approche de ce tableau ce que M. de Mazade écrivait le 1er septembre dernier, de la session qui venait de se terminer :

« Qu'a produit cette session de plus de six mois? Elle a fini, il est vrai, par cette revision dont personne ne parle plus, elle a épuisé son dernier feu dans cette œuvre, après avoir été, pour tout le reste, à peu près stérile et s'être perdue dans les discussions vicieuses, les brigues de parti où les élucubrations chimériques. »

(2) « La préparation du projet de budget porte la trace d'une

de près, en associant la minorité à leur consciencieuse étude et consacrent de longues semaines à sa discussion approfondie.

Chacun remplissant ainsi sa tâche naturelle, il n'y a ni temps perdu ni force gaspillée ; les deniers publics, sagement administrés, reçoivent l'emploi le plus utile (1) et la prospérité générale, objet de l'effort commun, se développe incessamment (2).

precipitation regrettable ; les différents chiffres que l'on y trouve ne sont même pas d'accord entre eux d'un page à l'autre du même fascicule. » (Extrait d'un rapport de M. Spuller.)

— « On n'a même pas pris le temps de discuter le budget ; on n'a rien trouvé de mieux que de l'ajourner encore une fois aux dernières semaines de l'année, à un moment où il n'y aura plus qu'à le voter au pas de course.» (Ch. de Mazade, *Rev. des Deux Mondes*, 1er septembre 1884.)

(1) Pour juger si un gouvernement a bien ou mal géré la fortune publique, il ne suffit pas de savoir quelle somme il a dépensée ; il faut aussi, il faut surtout examiner ce que, pour cette somme, il a produit. Le budget s'est élevé de 615 millions de 1830 à 1847, de 513 millions de 1847 à 1870. Le revenu public s'est élevé de 371 millions sous la monarchie de Juillet, de 571 sous l'Empire. Le régime impérial a donc moins accru les dépenses et plus accru les recettes de l'Etat que le régime de Juillet qu'on se plait à citer comme un modèle de sagesse et d'economie. Pour montrer qu'il a fait des deniers publics un emploi plus productif que ses devanciers, il suffit de rappeler le fait suivant : Le chiffre du commerce général s'est élevé, sous la Restauration, à 400 millions ; sous le gouvernement de Louis-Philippe, de 1,400 millions ; sous le gouvernement de Napoleon III, de 5 milliards et demi ; c'est-à-dire que sous l'Empire il accomplissait, tous les quatre ans et demi, un progrès égal à celui qu'il avait accompli de 1830 à 1848, et, chaque année, un progrès égal à celui qu'il avait accompli de 1814 à 1830.

(2) Sur ce point, comme sur tant d'autres, une justice tardive a été rendue à l'Empire. L'année dernière, M. Rouvier reconnaissait spontanément à la tribune qu'il avait « bien géré les intérêts matériels du pays. » Dès 1873, l'*Univers*, qui ne ménageait point pourtant le régime impérial, faisait ce loyal aveu : « Nous étions riches, il y a trois ans, et en voie d'une prodigieuse prospérité matérielle...On criait beaucoup contre les prétendues prodigalités du second Empire, on avait tort ; sa plaie n'etait pas là. Nos finances etaient devenues, sous l'Empire, aussi solides et plus élastiques que celles de l'Angleterre. Les

Ce gouvernement, où le souverain est conseillé par des ministres compétents (qu'entourent et éclairent eux-mêmes des commissions spéciales), assisté par un Conseil d'État formé avec le plus grand soin et contrôlé par deux Chambres, n'est pas, comme on affecte de le dire, un gouvernement absolu, s'inspirant des « caprices d'un despote ». Il s'inspire des vœux du pays, qu'il entend mieux, de l'intérêt collectif, qu'il discerne mieux qu'un gouvernement mobile, précaire, toujours à la merci des rivalités de groupe ou de clocher.

Quand ce gouvernememt, avec tous les éléments d'information dont il dispose, a acquis la conviction qu'une mesure est réclamée par l'intérêt public, nécessitée par les besoins du jour ou par ceux du lendemain, il en poursuit résolument l'exécution, sans se laisser émouvoir par les clameurs de ses adversaires, ni même par les protestations irréfléchies du public; car il sait que la plus utile réforme, changeant des habitudes

ministres des finances de Napoléon III ont pu se tromper dans quelques détails, mais ils ne manquaient ni de prudence ni d'habileté, et le Corps Législatif exerçait un contrôle sérieux sur les dépenses. Durant l'Empire, les revenus de l'Etat s'accroissaient de 40 millions par an, sans aggravation d'impôts... Notre commerce général s'était élevé, durant les dix-huit années de l'Empire, de 2 milliards 600 millions à 8 milliards 600 millions, il avait presque quadruplé. Ainsi la fortune publique avait progressé en même temps que les ressources financières de l'Etat se développaient. Il y a trois ans, l'âme de la nation était malade, elle avait perdu en partie son tresor le plus précieux, le bon sens, la foi, l'esprit d'obéissance et de gouvernement ; mais le corps de la France jouissait d'une splendeur enviée du monde entier. »

— « Savez-vous ce qui nous a le plus frappé en avançant dans votre pays ? C'est sa richesse, c'est l'apparence du bienêtre qu'on y voit partout. Comment ce pays peut-il être accessible aux idées revolutionnaires ? Que veut-il donc ? » (*Le roi Guillaume à Mgr de Bonnechose.*)

prises, imposant parfois une gêne momentanée, peut être mal accueillie, et il compte sur le temps pour justifier ses actes.

Rien de plus instructif, à cet égard, que ce qui s'est produit pour la grande œuvre de la transformation de Paris. On nous permettra donc de nous y arrêter un moment.

De tous les collaborataurs de Napoléon III, nul ne fut plus attaqué, plus honni que le baron Haussmann. De toutes les conceptions du régime impérial, aucune ne fut d'abord moins comprise que celle à laquelle son nom restera glorieusement attaché. C'était pour l'opposition de droite ou de gauche un thème inépuisable d'objurgations ou de railleries. Ruineuse fantaisie ou inavouables trafics : c'est tout ce que royalistes et républicains prétendaient y voir... On l'a oublié; rappelons-le sommairement par quelques exemples.

Ernest Picart exerçant sa verve mordante contre « le gouvernement révolutionnaire » de l'Hôtel-de-Ville, l'accuse de rendre l'existence des Parisiens « intolérable » ; — de supprimer des rues nécessaires et d'en ouvrir d'inutiles à seule fin « d'appauvrir les uns et d'enrichir les autres » ; d'organiser un déplacement arbitraire d'immeubles « qui est pour ceux qui le pratiquent un déplacement de capitaux » ; — et craignant que ses insinuations ne soient pas assez claires, il souhaite au préfet de la Seine de prouver son intégrité comme Armand Marrast avait prouvé la sienne, « en mourant pauvre. »

M. Doudan, qui écrivait beaucoup de lettres, n'en pouvait achever une sans décocher quelque trait contre « le singulier personnage » qui bouleversait Paris.

Dans l'une, il lui reproche de faire « de laides rues et de belles spéculations. » Dans une autre, il dit : « J'ai pris le deuil pour six mois, jusqu'au retour du Corps Législatif, parce que M. Haussmann est encore vivant. M. Paradol lui a donné un bon coup de dent avec le froid mépris qu'il excelle à exprimer. Mais six mois suffisent pour renverser le reste de Paris et couvrir ses ruines de guinguettes. »

M. F. de Lasteyrie, qui avait fait partie de l'administration municipale sous M. de Rambuteau, leprend de très haut avec ses indignes successeurs. Il signale et adjure tous les journaux indifférents de signaler avec lui « la folie » de leurs entreprises afin que « le bon sens public se prononce contre ces ruineuses extravagances » et que « la responsabilité de l'avenir incombe aux prôneurs et aux patrons de ces malencontreux projets. »

De ces malencontreux projets aucun ne trouve grâce à ses yeux : ni « les avenues sans utilité et sans but qu'on perce autour de l'Arc-de-l'Etoile », ni les boulevards que « la fantaisie municipale » s'est plu à ouvrir dans les plaines de Monceau, des Ternes et de Passy, c'est-à-dire « au milieu de champs inhabités », ni les travaux de la Cité, qui lui paraissent « une folie de plus ». Il ne connaît « qu'une chose plus insensée encore » c'est « le projet de percement de deux rues aboutissant au nouvel Opéra, et devant le mettre en rapport avec la Bourse et le Théâtre-Français. » Comment-a-t-on pu avoir une idée aussi saugrenue ? « Mettre en communication directe un grand établissement qui n'est ouvert que le jour avec un autre qui n'est ouvert que la nuit ! Raccourcir autant que possible le trajet du Théâtre-

Français à l Académie Impériale de musique, comme
si le même public devait, le même soir, fréquenter les
deux salles ! » N'était-ce pas trop déjà d'avoir ouvert
l'inutile boulevard Malesherbes ? « Ce beau, riche et
tranquille quartier n'est plus qu'un monceau de ruines...
Pour quelles raisons ? Je n'en connais aucune qui puisse
être nommée. Pour quel prétexte du moins ? Le prétexte ?
Il y avait à droite de la Madeleine un boulevard qui
s'en allait obliquement vers le boulevard Montmartre.
On a trouvé qu'il serait joli de faire partir symétrique-
ment à gauche, un boulevard allant... n'importe où.
Et, de fait, il ne va nulle part ! » Quant au projet d'ouverture du boulevard Saint-Germain il lui semble
trop monstrueux pour qu'on ose y donner suite (1).

M. de Boissieu, le spirituel chroniqueur de la *Gazette
de France*, résume enfin l'opinion de son milieu sur
le Préfet de la Seine et sur son œuvre en disant :
« M. Haussmann, qui bâtit de grandes maisons, mérite-
rait d'habiter les petites. »

Ces critiques formulées avec tant d'assurance trouvaient naturellement un écho, dans le public,—- toujours
disposé à croire qu'on lui impose des charges inutiles,
à écouter ceux qui le lui affirment, — et contribuaient
pour une bonne part au succès des candidats de l'opposition. L'Empereur, attristé, mais non découragé, tint tête à
l'orage. Convaincu que son œuvre était bonne et qu'on
en apprécierait un jour le bienfait, il la poursuivit avec
persévérance. Aussi longtemps qu'il fut le maître il
maintint le baron Haussmann à l'Hôtel de Ville et quand

____

(1) LES TRAVAUX DE PARIS, par Ferdinand de Lasteyrie. —
Lettres à l'Opinion nationale, Paris 1861.

le cabinet parlementaire du 2 janvier l'obligea à s'en séparer, il ne s'y résigna qu'avec amertume.

Dans ce long conflit qui avait vu clair et qui s'était trompé? Qui avait compris les intérêts, les besoins de Paris, qui les avait méconnus? Étaient-ce les grands esprits de l'*Union libérale* ou celui qu'ils appelaient, qu'ils continuent à appeler un *rêveur*? On le sait aujourd'hui. Tous ceux qui l'avaient attaqué sur ce point sont obligés de reconnaître tout bas leur erreur. Quelques-uns eurent le courage de la confesser tout haut, comme M. Jules Simon, écrivant dans le *Gaulois* qu'il dirigeait alors :

Les Comptes fantastiques d'Haussmann ! qui ne se souvient des articles si amusants et si méchants publiés sous ce titre, dans le journal *Le Temps*, par M. Ferry, qui est entré par eux dans la publicité? Le titre même nous ravissait. Tout ce qu'on nous disait alors contre l'ennemi commun nous était bon Peu nous importe aujourd'hui que les comptes de M. Haussmann aient été fantastiques? Il avait entrepris de faire de Paris une ville magnifique et il y a complètement réussi. Quand il a pris en mains le maniement de nos affaires, nous n'avions pas d'autres promenades que les boulevards et les Tuileries ; les Champs-Elysées étaient, le plus souvent, un cloaque ; le bois de Boulogne était au bout du monde. Il y avait des montagnes dans Paris, il y en avait même sur les boulevards. Les ruelles étroites et infectes abondaient au milieu de la ville... Nous manquions d'eau, de marchés, de lumière dans ces temps reculés qui ne sont pas encore à trente ans de nous... Les chemins de fer existaient cependant ; ils versaient tous les jours dans Paris des torrents de voyageurs, qui ne pouvaient ni se loger dans nos maisons, ni circuler dans nos rues tortueuses.

Un des prédécesseurs de M. Haussmann s'était illustré pour avoir percé la rue de Rambuteau. Pour lui, il fit, en dix ans, plus qu'on n'avait fait en un demi-siècle... On criait qu'il nous donnerait la peste ; il laissait crier et nous donnait, au contraire, par ses intelligentes percées, l'air, la santé et la vie... Il fondait des hôpitaux, des écoles. Il nous apportait tout une rivière. Il creusait des égouts magnifiques. Il tirait de leur néant les Champs-Elysées, le bois de Boulogne, le bois de Vincennes. Il achevait les Halles centrales. Il généralisait l'usage du gaz ; il multipliait les lignes d'omnibus. Il intro luisait dans sa belle capitale les arbres et les fleurs. Son œuvre était au moins aussi fantastique que ses comptes.

Plus tard, dans un article intitulé *Tête en bas*, où il énumérait toutes les anomalies de notre époque, M. de Grandlieu faisait remarquer combien il était étrange de voir « M. Floquet se pavanant à l'Hôtel de Ville, *quand M. Haussmann est sur le pavé* », — ce qui était reconnaître indirectement combien ses amis politiques s'étaient trompés en voulant l'y mettre.

La *Revue des Deux-Mondes*, enfin, si sévère autrefois pour le souverain qui avait conçu cette grande œuvre, pour l'administrateur éminent qui l'avait exécutée, vient de leur rendre un hommage plus explicite encore :

Combien sont justifiées, après tant d'amères critiques, les grandes entreprises d'édilité qui ont été exécutées sous l'administration du baron Haussmann! La dépense, qui eût été beaucoup plus considérable si l'on avait ajourné les travaux, est largement couverte par les bénéfices immédiats qu'elle a procurés à la génération présente et par ceux qu'elle assure aux générations à venir. Se figure-t-on comment l'ancien Paris, dans sa vieille enceinte, avec ses rues étroites ou tortueuses, aurait pu recevoir et faire circuler tout ce que lui apportent chaque jour les gares de chemins de fer ? Déjà même, les voies tracées dans les quartiers inférieurs ne suffisent plus et l'encombrement commence à se manifester sur les boulevards préparés dans les quartiers extrèmes. Il se peut qu'à l'origine ces plans, qui paraissaient démesurés, aient été inspirés en partie par un sentiment de gloire dynastique, par le désir de faire grand, comme on disait alors; mais, au demeurant, les résultats ont dépassé tous les calculs. La transformation de Paris n'a pas été seulement une grande œuvre, digne de figurer dans l'histoire d'un règne et dans les annales de l'administration parisienne, elle a été une œuvre utile, vitale, nécessaire pour la Cité (1).

L'administration républicaine a pu exécuter les plans que lui avait légués l'administration impériale, avec le concours des agents que celle-ci avait formés, sans que le public, éclairé par l'expérience, songeât à s'en plaindre. Mais cette experience aurait-elle pu se faire, ces travaux utiles, indispensables auraient-ils pu être entrepris, si, au lieu d'un gouvernement assez bien assis pour étudier à loisir les besoins de la population parisienne, assez fort pour affronter les protestations soulevées par sa clairvoyante initiative, nous avions eu un gouvernement instable, hésitant, comme sont fatalement ceux que fait et défait à son gré la majorité parlementaire ?

Après cette longue digression, qui nous a paru nécessaire pour faire apprécier la valeur des deux systèmes

(1) CH. LAVOLLÉE. *La Ville de Paris et l'Administration municipale.* 1er septembre 1884.

par un exemple saisissant, reprenons la définition du régime impérial et continuons à indiquer par quoi il se distingue des autres.

Sous ce régime où la parole sert seulement à expliquer, à justifier l'action, il ne suffit pas de quelques discours retentissants pour porter un jeune avocat de la barre ou de la tribune d'un club à la Chambre et de la Chambre au ministère ; il ne suffit pas de s'associer à la fortune d'un parti, d'un homme politique pour franchir, en quelques années, tous les échelons de la carrière administrative (1). On ne parvient que lentement, à force de travail et de services rendus. Les impatients, voulant atteindre les plus hauts emplois avant de s'en être rendus dignes, n'y trouvent donc pas leur compte.

D'autres s'en plaignent également qui, moins sensibles à leur intérêt personnel, ou le confondant, de

(1) Sous le second Empire, les fonctionnaires de l'ordre administratif n'avançaient que pas à pas. Ils devaient passer en moyenne cinq ans dans chaque classe avant d'entrer dans la classe supérieure. Je retrouve dans mes notes un état, par ordre alphabétique, des sous-préfets de première classe en 1865. J'en cite, à titre de spécimen, les dix premiers numéros : Sous-préfet d'Abbeville: 17 ans de service ; — d'Aix: 14 ans ; — d'Alais : 10 ans ; — d'Arles : 16 ans ; — de Bayonne: 11 ans ; — de Bastia : 14 ans ; — de Beziers : 15 ans ; — de Boulogne : 13 ans ; — de Brest : 17 ans ; — de Cambrai : 13 ans..... Il fallait alors beaucoup de bonheur et des notes exceptionnelles pour être préfet vers la quarantaine. Quant aux postes importants, comme ceux de Bordeaux, Lille, Toulouse, Marseille, Lyon, c'était le couronnement d'une longue carrière ; on y arrivait avec des cheveux gris, mais avec le savoir, la connaissance des hommes et des affaires, l'autorité qu'exigent ces grandes situations.

Les administrateurs bien patronnés font plus rapidement leur carrière aujourd'hui. Il en est de même des magistrats. Nous pourrions en citer un qui, en 1878 simple substitut du procureur de la République dans une ville du Midi était, en 1883, premier président !

bonne foi, avec l'intérêt public, aiment passionnément les luttes oratoires ; pour qui la tribune sollicitant, stimulant, mettant en relief les facultés supérieures de l'intelligence humaine, est le plus noble des sports.

Mais s'il mécontente cette minorité de politiciens, un tel régime satisfait l'immense majorité du pays, dont les besoins, tout différents, méritent sans doute quelque considération. Il lui assure les biens auxquels elle tient le plus, les seuls dont il se soucie réellement : l'ordre, la sécurité, la justice et ces libertés pratiques dont les constitutions les plus « libérales » ne garantissent pas toujours l'exercice.

Même envers ceux dont il contrarie les aspirations, envers ceux dont il doit combattre les prétentions, ce régime peut être, il est tolérant, — parce qu'il se sent fort.

Que sous l'Empire la minorité opposante fût traitée avec plus de modération, plus de courtoisie qu'elle ne l'est aujourd'hui, nul ne pourrait le contester. Sous le principat de M. Thiers, un journal officieux, le *Bien Public*, en faisait déjà l'aveu :

Il me semble (disait un de ses rédacteurs dans un article intitulé le *Bon vieux Temps*) que sous l'Empire la tolérance entre les partis existait plus qu'à présent. A de rares exceptions près, les agents du gouvernement impérial faisaient métier de respecter les adversaires de leur politique. Même en les frappant ils semblaient les frapper à regret et la porte était toujours ouverte à une entente.

M. de Pontmartin l'a reconnu depuis avec une égale franchise.

Ah ! — s'écriait-il, dans un de ses feuilletons si brillants de la *Gazette de France*, — si nous ne songions au proverbe :

Au bout du fossé la culbute, nous avouerions, n'est-ce-pas? qu'on ne se trouvait pas trop mal dans le fossé. Nous possédions tout autant de liberté qu'il en faut aux honnêtes gens pour avoir honnêtement de l'esprit... Quand nous avions criblé de plaisanteries plus ou moins réussies tel symptôme de césarisme, tel abus de pouvoir qui nous paraissait alors monstrueux et qui nous semblerait aujourd'hui, par comparaison, le beau idéal de la justice, nous allions dormir en paix, contents de notre journée, heureux de rencontrer sur notre chemin quelque bonne figure de sergent de ville, sûrs que le journal du soir n'avait pas à nous annoncer une catastrophe ou à nous prédire une crise, beaucoup moins certains de désirer la chute de ce régime dont nous venions de médire (1).

Mais avec de la volonté. avec de la persévérance, on parvient à tout, même à prouver à un homme bien por- .

(1) A propos des scandaleuses invalidations de 1878, le *National* rappelait les procédés beaucoup plus libéraux, de la Chambre des Députés sous l'Empire : « Quand elle invalidait une élection, disait-il, c'était celle d'un membre de la majorité. Elle ne contestait pas celles des membres de la minorité..... Maintenant, c'est le député qui est parvenu à se faire élire malgré les efforts de l'Administration, qui est blackboulé. Ce n'est pas seulement de l'intolérance ; c'est de l'intolérance bête. » Un seul député de l'opposition, M. Pelletan, fut invalidé de 1851 à 1870, parce qu'il était établi qu'il n'avait pas obtenu la majorité absolue et qu'on l'avait proclamé par erreur.

Le règlement du Corps Législatif était infiniment moins rigoureux que celui de la Chambre actuelle et surtout moins rigoureusement appliqué. On ne connaissait alors ni le *petit local* ni l'officier chargé d'y conduire les députés recalcitrants, L'exclusion temporaire, la censure si facilement prononcées aujourd'hui, ne le furent jamais au Corps Législatif. Les rappels à l'ordre y étaient extrêmement rares. Il n'y en eut peut-être pas vingt en dix-huit ans!... Les députés de la gauche étaient traités par leurs collègues de la droite avec une extrême courtoisie. M. Emile Olivier le constatait en ces termes : « Il est des majorités qui, non contentes d'exercer leurs droits ont quelquefois méconnu le droit des minorités. Elles ont eu tort, mais assurément ce reproche ne peut être fait à la majorité au nom de laquelle j'ai l'honneur de parler... Je n'ai qu'à me rappeler tous vos débats pour voir que la parole de la minorité n'est jamais entravée, qu'elle est toujours écoutée et respectée. »

tant qu'il est malade, et à un pays content de son sort, satisfait de son gouvernement, qu'il désire des réformes.

Dans l'un des mémoires qu'il a écrits pour sa défense, le comte d'Arnim faisait cette spirituelle observation :

Pour discréditer une personne qui déplait, il y a un tour extrêmement simple. Il consiste à parler tout à coup avec autorité d'une action comme si elle était un crime. Les hommes sont ainsi faits qu'ils finiront par croire à la plus grande sottise pourvu qu'on la leur répète souvent et de très haut.

Qu'on reproche soudainement et consécutivement et sur un ton d'excitation passionnée à un homme pacifique de lire la *Germania* et que cette accusation soit renouvelée en divers lieux et par diverses personnes, l'inculpé aura besoin d'une dose extraordinaire de courage pour ne pas douter lui-même du droit qu'il a de se livrer quotidiennement à cette lecture.

C'est ainsi que le groupe des politiciens mécontents agit à l'égard de l'Empereur. Il lui fit un crime de gouverner lui-même au lieu de laisser ce soin aux Chambres, qui, seules, pouvaient s'en acquitter convenablement. Légitimistes, orléanistes et républicains se coalisèrent, sous la bannière de l'*Union libérale*, pour mener cette campagne.

Le bonheur, la prospérité, le salut de la France exigeaient, à les croire, le rétablissement intégral du système parlementaire. Peu leur importait la forme extérieure, l'étiquette du régime. Royalistes ils se fussent résignés à la République, républicains à la Royauté, pourvu que République ou Royauté leur donnât le gouvernement du pays par les Chambres (1).

(1) L'un des premiers, M. Prévost-Paradol, faisait au nom du parti orléaniste, cette profession d'éclectisme : « La Républi-

Divisés par une simple nuance, royalistes et républicains avaient entre eux les meilleurs rapports. Le duc de Broglie et le duc de Noailles faisaient entrer à l'Académie Jules Favre. Celui-ci patronnait dans le Gard la candidature du baron de Larcy, lequel appuyait à son tour, dans l'Hérault, celle d'Ernest Picard; Berryer recommandait chaleureusement M. Grévy aux électeurs du Jura, etc., etc...

Cette campagne, fort activement menée, porta ses fruits. A force d'entendre répéter que le gouvernement personnel était une monstruosité, le public s'habitua peu à peu à le croire; et comme le lecteur de la *Germania* « finissant par douter de son droit », les partisans les plus convaincus de l'Empire et de ses institutions autoritaires, les membres du gouvernement eux-mêmes sentirent s'ébranler leur foi.

Napoléon III, le souverain le plus modéré qui fut jamais, ne crut pas devoir s'opposer à ce courant.

que, disait-il, est une forme de gouvernement très acceptable et très digne, une fois qu'elle existe, du concours fidèle et du respect sincère de tous les bons citoyens. J'appelle même expressément *bon citoyen* le Français qui ne repousse aucune des formes du gouvernement libre, qui n'est ni enivré, ni révolté par les mots de Monarchie ou de République et qui borne à un seul point ses exigences : que la nation se gouverne elle-même, sous le nom de République ou de Monarchie, par le moyen d'assemblées librement élues et de ministères responsables. » (*La France Nouvelle.*)

Tout aussi accomodants étaient les républicains. Verax, du moins l'affirmait : « Ils ont moins de souci de la forme républicaine que de ce que la République a toujours promis et n'a jamais encore pu donner à la France. Ce n'est pas chez eux infidélité, c'est plutôt fidélité à des intérêts plus hauts, plus permanents, plus nobles. L'État n'est pas à leurs yeux une idole comme à ceux de leurs devanciers; le style et l'architecture du temple leur importent moins que les doctrines qui peuvent y être prêchées. » (HENRI D'ORLÉANS, DUC D'AUMALE. *Écrits politiques.*)

L'opinion semblant réclamer une nouvelle expérience du régime parlementaire, il s'y prêta loyalement, galamment (1). Mais il était convaincu qu'elle ne réussirait point; qu'après en avoir constaté les déplorables résultats, le pays le sommerait de rentrer dans la tradition impériale et de ressaisir les rênes du gouvernement.

L'expérience fut plus courte et plus néfaste encore que ne l'avait prévu Napoléon III. Elle aboutit, en quelques mois, à un effondrement. Les adversaires de l'Empire, qui lui avaient refusé les moyens de se préparer, comme il le jugeait nécessaire, à cet inévitable conflit, ont cherché à détourner la responsabilité qui pesait sur eux de ce chef, en présentant la guerre de 1870 comme un dernier legs du gouvernement personnel. Dès le premier jour nous avons protesté, pour notre part, contre cette injustice. Peu à peu l'histoire la répare. Avec l'aide des écrivains les moins soucieux de justifier le régime impérial, — comme l'auteur des *Souvenirs diplomatiques* sur l'Allemagne et l'Italie,— elle rétablit la vérité systématiquement altérée. Par l'exposé sincère des faits elle démontre clairement :

Que Napoléon III désirait le maintien de la paix (2);

Qu'il s'abstint de faire prévaloir son sentiment per-

(1) Aussi galamment qu'il s'était prêté à l'expérience de la liberté de la presse, comme M. Weiss le constatait alors dans le *Journal de Paris* : « Ayant voulu faire l'épreuve, il l'a poursuivie avec une patience qu'aucun excès n'a déconcertée ni fatiguée.. L'empereur a rencontre, cette fois, sans la chercher, la vraie grandeur. »

(2) « Le souverain, *opposé à la guerre*, adonné au fatalisme, cédait aux sombres prévisions qui, peu de jours après, se reflétaient dans sa mélancolique proclamation. » (G. ROTHAN. *Souvenirs diplomatiques*.)

sonnel parce qu'il crut n'en avoir plus le droit (1) ;

Que les ministres, disposés à accepter un compromis, en furent détournés par les clameurs d'une partie de la Chambre et de la presse ; que les journaux qui manifestaient ainsi leur indignation patriotique cédaient surtout au désir de renverser le cabinet ;

Que si la question Hohenzollern, au lieu de devenir une question de portefeuille, au lieu de servir d'aliment aux passions de parti et aux rivalités de groupe, avait été froidement traitée, comme la question du Luxembourg, dans les conseils du souverain, elle eût reçu, comme celle-ci, une solution pacifique (2) ;

Qu'enfin l'influence parlementaire nous poussa à la guerre dans les plus mauvaises conditions et qu'elle

(1) « L'Empereur ouvrit la séance en disant que le secret des délibérations qu'on s'était promis le matin, n'avait pas été observé ; qu'on lui avait reproché d'avoir méconnu le plebiscite, outrepassé son rôle en imposant, en quelque sorte, à ses conseillers la politique de la paix : « Je suis aujourd'hui, je le « reconnais, aurait-il ajouté, un souverain constitutionnel ; il « est de mon devoir de m'en remettre à votre sagesse, à votre « patriotisme pour décider du parti qui nous reste à prendre, « en face des événements qui viennent de se produire. »
(G. ROTHAN. *Souvenirs diplomatiques*.)

(2) « Ce n'est pas ainsi que notre politique avait procédé, dans des circonstances d'une bien autre gravité, au mois d'avril 1867. Notre honneur national était alors réellement en cause ; il s'agissait de renoncer publiquement à une province que la Prusse nous avait promise et que déjà la Hollande nous avait cédée. Mais, pressentant le piège, le gouvernement impérial refusa de jouer le jeu de son adversaire ; il resta impassible devant des excitations calculées ; il réussit, par sa sagesse, sa modération, à s'assurer le concours des puissances Par une évolution habile, faite sous le coup du danger, il força la Prusse à évacuer le Luxembourg, malgré de solennelles declarations. Il prouva, sans rien sacrifier de sa dignité, que le gouvernement d'un grand pays choisissait son heure et n'exposait pas les forces dont il est le gardien aux convenances d'un homme d'Etat téméraire. » (G. ROTHAN. *Souvenirs diplomatiques*.)

entrava nos projets d'alliance (1), comme elle avait déjà compromis nos armements (2).

La France était écrasée ; mais l'Empire succombait avec lui, et c'était pour les parlementaires une grande consolation. L'un des plus illustres écrivait même qu'il fallait, tout compte fait, bénir la guerre, puisqu'affranchi par elle et pourvu d'un gouvernement libre, le pays allait se régénérer rapidement.

L'illusion fut de courte durée. Chargé de procéder à l'installation de ce libre gouvernement, qu'il avait préconisé toute sa vie, M. Thiers, devenu chef de l'État, se montre plus autoritaire que Napoléon III, traite les fictions constitutionnelles de « chinoiseries, » refuse d'être « un mannequin aux mains de l'Assemblée » et même de « partager le pouvoir » avec elle... « Comment ! s'écrient avec stupeur ceux qu'il avait menés à l'assaut de trois gouvernements pour conquérir la responsabilité ministérielle absolue, sans limites, comment ! M. Thiers voudrait aujourd'hui nous imposer son gouvernement personnel ?... — Parbleu ! répond cavalièrement le principal de ses journaux officieux, les Français n'en admettent pas d'autre ! »

(1) « L'Empereur Napoléon, après les modifications que le plébiscite avait introduites dans la Constitution de 1852, n'était plus en situation d'agir sans l'assentiment de ses ministres, qui arrivaient au pouvoir avec le programme du désarmement. Les négociations qu'il poursuivait secrètement avec l'empereur François-Joseph et le roi Victor-Emmanuel s'en ressentirent. Il dût même renoncer, sur les observations du comte Daru, à communiquer directement avec le général Fleury. » (G. ROTHAN. *Souvenirs diplomatiques.*)

(2) Sur ce point la lumière était déjà faite depuis longtemps. Quiconque recherche de bonne foi la vérité sait bien que si, à l'heure où la nécesité d'une réorganisation militaire s'imposa, la prépondérance morale n'avait appartenu au Parlement, et dans le Parlement au tiers parti ; que si l'Empereur, tenant moins de compte des répugnances du Corps législatif, eût fait prévaloir, comme le roi Guillaume avant 1866, son avis person-

Les parlementaires, encore remplis d'illusions, poursuivant toujours leur chimère, revant toujours un chef d'État purement décoratif, ne s'immisçant pas dans la direction des affaires, renversent M. Thiers. Ils songent d'abord à relever la monarchie constitutionnelle au profit de M. le comte de Chambord. Celui-ci, prêt à *gouverner*, ne tenant nullement à *régner*, refuse le rôle amoindri qu'on lui destine.

Attachant moins d'importance à la forme extérieure du gouvernement qu'à son mécanisme intérieur, les « constitutionnels » des centres cherchent alors à faire sous la présidence du maréchal de Mac-Mahon ce qu'ils n'ont pu faire sous la royauté nominale d'Henri V. A défaut de la monarchie, ils fondent, en 1875, la République parlementaire, espérant qu'avec les institutions dont ils l'entourent et la sage direction qu'ils comptent lui donner, elle leur procurera, à peu de chose près, les mêmes avantages.

Deux ans plus tard, le pays, leur glissant des mains, s'en allait à la dérive. Ils étaient acculés à la campagne désespérée du Seize-Mai, où, malgré l'intervention

uel, nous aurions été assez forts pour défier les provocations de la Prusse ; car l'avis personnel de l'Empereur, (affirme, développé par lui depuis plus de vingt ans) était d'adopter ce régime militaire dont la République a dû accepter le principe, mais dont elle n'a pas encore su régler l'application. Dès 1843, du fond de sa prison de Ham, celui qu'on a accusé d'avoir provoqué la Prusse parce qu'il ignorait sa force, parce qu'il n'avait pas pris la peine de lire les rapports du colonel Stoffel, ecrivait : « Comme la Prusse avant Iena, nous vivons sur notre gloire passee. Le terrible exemple de Waterloo ne nous a pas profité, nous sommes sans défense. Nous insistons sur ce rapprochement pour montrer qu'il ne s'agit pas d'une loi de detail, mais d'une question d'existence.... L'organisation prussienne est la seule qui convienne à notre nature démocratique, à nos mœurs égalitaires, à notre situation politique. »

personnelle du Maréchal et son appel direct aux électeurs, malgré leurs velléités autoritaires, ils devaient
constater l'impuissance de leurs doctrines et le néant de
leur chimères (1).

Cette démonstration se poursuit depuis six ans ; et,
chaque jour, elle opère de nouvelles conversions. Voyant
quel usage les républicains font du régime parlementaire, leurs anciens alliés de l'*Union libérale* ont cessé
de croire à sa vertu souveraine et compris, — un peu
tard, — qu'il ne répondait plus aux nécessités de notre
temps.

L'expérience de 1848 avait trop peu duré, elle s'était
faite au milieu de crises trop aigues pour être déci-
sive (2) : depuis 1870, nous avons pu réellement, pour

(1) Ainsi se réalisait une curieuse prédiction faite par le Père
Lacordaire vers la fin de l'Empire. Causant avec un de ses amis,
qui, en 1880, rapporta cette entretien dans le *Gaulois*, l'illustre
dominicain lui disait : « Gardez-vous d'une illusion qui fut la
mienne et dont je m'accuse. Ne pensez jamais que le salut d'un
pays puisse venir des decisions d'une assemblée. Les assemblées
personnifient la confusion. Or le salut d'un peuple ne vient
jamais de la confusion parce qu'il ne peut émaner du désordre.
Il vient d'un hasard, il peut venir d'un homme parce que Dieu
intervient dans la conscience d'un homme.. » Puis, lui montrant
le duc de Broglie qui se promenait, en ce moment, sous ses
fenêtres, il ajouta : « Mes amis croient à la vertu des parlements. Celui-ci qui est un honnête homme, un homme de talent
et un chrétien, pousse cette croyance presque jusqu'au fanatisme. *Il éprouvera, comme moi, le néant de cette cômmune
illusion.* »

(2) Beaucoup de bons esprits l'estimaient cependant suffisante.
En 1849, Bastiat déposait une proposition tendant à établir
l'incompatibilité entre le mandat de député et les fonctions de
ministre ; et il faisait paraître, sur ce sujet, l'un de ses meilleurs
pamphlets : « Comme Washington, comme Franklin, comme
les auteurs de la Constitution de 1791, — disait-il, — je ne puis
m'empêcher de voir dans l'admissibilité des deputés au ministère une cause toujours agissante de trouble et d'instabilité, je
ne pense pas qu'il soit possible d'imaginer une combinaison plus
destructive de toute force, de toute suite dans l'action du gouvernement. Rien au monde ne me semble plus propre à alimenter les

la première fois, éprouver le fonctionnement régulier du régime parlementaire avec le suffrage universel. L'épreuve est concluante.

Ceux même qui n'osent renier ce régime, qui croient leur honneur engagé à le soutenir malgré tout et qui ne désespèrent pas de le régénérer, sont contraints d'en constater les déplorables effets.

M. Vacherot est assurément l'un des esprits les plus distingués du centre gauche, c'est-à-dire du groupe politique où la doctrine parlementaire avait toujours trouvé ses plus fervents adeptes. Eh. bien ! dès 1880, sans vouloir la répudier, il nous en signalait le péril, en montrant ce qu'elle produisait sous nos yeux : la majorité des Chambres gouvernant, administrant à son gré ; les fonctionnaires « de tout ordre et de tout rang » ne dépendant plus de leurs chefs naturels, mais des sénateurs et des députés ; ceux-ci imposant tous leurs caprices aux ministres, mais subissant à leur tour la loi des comités locaux, qui ont fait leur élection. L'éminent publiciste ajoutait :

luttes factieuses, à égarer l'opinion après l'avoir passionnée, à entraver l'administration, à fomenter les haines nationales, à provoquer les guerres extérieures, à ruiner les finances publiques, a user les gouvernements, à pervertir les gouvernés, à fausser en un mot tous les ressorts du régime représentatif. Je ne connais aucune plaie sociale qui puisse se comparer à celle-là et je crois que si Dieu lui-même nous eût envoyé, par un de ses anges, une Constitution, il suffirait que l'Assemblée nationale y intercalât cet article 79 pour que l'œuvre divine devînt le fléau de notre patrie. »

— Quelques jours avant le Coup d'État, Donoso Cortès écrivait : « De toute manière et quoiqu'il arrive il est de la dernière évidence que, vainqueur ou vaincu, le pouvoir parlementaire touche à sa fin... Quelles que soient les phases par où la France va passer, elle a épuisé, probablement pour n'y plus revenir, la phase parlementaire. C'est, à mes yeux, la seule chose évidente. »

C'est le gouvernement d'en bas substitué au gouvernement d'en haut. Il y a des républicains qui estiment que c'est l'idéal du gouvernement démocratique. D'autres pensent au contraire que toute initiative, en fait de gouvernement et d'administration, doit partir d'en haut ; que c'est l'essence même du gouvernement sous une République comme sous une Monarchie ; que toute autre manière de gouverner et d'administrer est l'antipode du gouvernement et de l'administration, c'est à dire la pure anarchie (1).

Depuis que M. Vacherot le dénonçait ainsi, ce vice de nos institutions s'est singulièrement aggravé. L'omnipotente action du Parlement a renversé les derniers obstacles qu'on cherchait encore à lui opposer. Tous les services administratifs lui ont été successivement livrés, même ceux que leur caractère spécial, technique semblait garantir contre son incompétente ingérence. Des hommes d'État, des administrateurs, des journaux républicains déplorent cet état de choses, sans le modifier, ceux qui pourraient seuls y mettre un terme se montrant moins sensibles au dommage qu'en éprouve le pays qu'au profit qu'ils en recueillent eux-mêmes (2).

Un autre défaut du régime actuel, que les partisans, les défenseurs attitrés de ce régime sont encore obligés de constater avec amertume, c'est son extreme mobi-

(1) Revue des Deux-Mondes. 1er Août 1880 . *Les nouveaux Jacobins.*

(2) M. Lesguilhier, qui fut sous-secrétaire d'Etat au temps du grand ministère, écrivait un an après : « Les ministres ne sont responsables qu'en apparence. Ils sont couverts par une majorite dont tous les membres sont intéressés au maintien des abus. Chaque député, chaque sénateur assure sa situation électorale au moyen de bribes du budget. Tel que nous le pratiquons le gouvernement parlementaire est donc le plus détestable des régimes. »

— « Il n'y a plus qu'un maître dans ma circonscription, — disait un inspecteur d'Académie à M. Sarcey, ce n'est pas le ministre, c'est le député. Le député se mêle de tout, tracasse

lité, c'est le renouvellement incessant de son personnel(1). Les ministres, entre lesquels les portefeuilles sont répartis au hasard, qui ne savent pas le premier mot des questions qu'ils vont avoir à traiter, tombent

partout, fait et défait tout et jamais dans un autre intérêt que dans celui de son élection future. » (*Le XIXe Siècle.*)

— « La détestable campagne de délations et de favoritisme à laquelle nous assistons depuis quelques années a énervé l'action publique. Elle a permis aux députés d'exercer une action prépondérante sur les nominations, sur les révocations, sur tous les mouvements du personnel. Elle a privé les agents de l'Etat de ce qui doit faire leur force : le sentiment qu'ils n'ont qu'à remplir leur devoir pour être appuyés par leurs chefs ; elle a livré l'administration tout entière aux plus basses intrigues. » (*Le Parlement.*)

— « Le général Gresley en quittant volontairement le ministère de la guerre, disait à l'un de ses amis du centre gauche : « La situation est devenue intolérable. Tout mon temps est absorbé par les demandes des membres du Parlement. Toute nomination est l'objet de sollicitations et de recommandations qui en font une affaire d'Etat. Il n'y a plus d'administration de la guerre possible dans ces conditions-là. »

— « Avec le système actuel l'administration et la justice sont placées sous la coupe de députés qui gouvernent au gré de leurs passions et de leurs intérêts. C'est une des plus mauvaises formes de l'anarchie, car c'est l'anarchie qui se dissimule sous une apparence de légalité. » (*Le National.*)

— « L'électeur fait marcher le député, qui fait, à son tour, marcher l'administrateur. Il n'y a plus d'administration possible avec ce système-là. » (*Le XIXe Siècle.*)

— « Depuis le président du Conseil jusqu'au dernier sous-secrétaire d'Etat, tous nos maîtres ont pris l'habitude d'obéir aux caprices du moindre député. C'est une application du régime parlementaire qui pourrait nous mener assez loin et même assez bas si l'on n'y prenait garde. » (*Id.*)

D'après le *Journal des Débats*, ce ne sont pas seulement les ministres, mais « les directeurs, les employés de tout ordre » qui poussent ce cri de détresse : « Nous sommes envahis, nous sommes dévorés par les députés. »

(1) « Nous sommes isolés en Europe par notre faute. Les changements perpétuels de ministères et, conséquence fatale, l'incertitude de notre politique ne sauraient inspirer confiance aux puissances auxquelles devraient nous rattacher des affinités naturelles et des intérêts communs. » (*La République Française.*)

— « La France ne peut avoir une politique économique avec des changements ministériels constants, qui empêchent la con-

dès qu'ils commencent à en avoir quelque notion (1).

Tous les progrès sérieux, toutes les réformes utiles sont dus à de longs ministères. « Pour accomplir de grandes choses, dit Vauvenargues, il faut agir comme si l'on devait vivre éternellement. » Un ministre ne peut croire à l'éternité, il faut qu'il puisse croire du moins à la durée de ses fonctions. Sinon il n'osera rien entreprendre ; ou, voulant marquer à tout prix son rapide passage aux affaires, il bâclera quelque réforme mal étudiée et ne laissera derrière lui que le désordre.

Nous avons usé, depuis 1870, vingt-neuf ministres

ception et l'accomplissement. de tout plan suivi. » (*La République Française.*)

— « Un des grands défauts du régime actuel, nous devrions dire : du régime parlementaire, c'est l'instabilité ministérielle. Nos ministères sont des auberges. On y dîne une fois, on y couche et l'on s'en va. Aucune réforme n'est possible avec ce système-là, aucune vue d'ensemble, aucune amélioration. Le ministre n'entreprend rien parce qu'il sait qu'il va s'en aller. Les bureaux n'obéissent pas parce qu'ils ont la certitude que le ministre, au moment de son avènement est à la veille de sa chute. » (*Le Rappel.*)

— « S'il est un fait qui puisse, dans l'opinion, nuire à la République, c'est l'instabilité de son gouvernement. En voyant les ministres tomber les uns sur les autres, le public finit par se dire que le régime actuel est une forme de gouvernement sous laquelle aucun ministre n'a le temps d'étudier quoi que ce soit ni de faire une œuvre utile. » (*Le National.*)

— « On se plaint souvent avec raison dans les départements des changements trop fréquents des administrateurs. Tout en félicitant le sous-préfet de Langres qui vient d'obtenir de l'avancement, le *Spectateur de Langres* déplore que cet arrondissement ne puisse garder un sous-préfet plus d'un an. Le cas de Langres ne forme pas une exception tant s'en faut, et nous ne le citons que comme le symptôme d'un véritable abus. » (*Le Siècle.*)

(1) « Les ministres qui arrivent ont à peine le temps de s'initier aux affaires en cours. Le jour où enfin ils sont prêts à donner leurs instructions, il leur faut boucler leurs malles et faire place à d'autres. Pourquoi un fonctionnaire obéirait-il à un supérieur dont il prévoit le départ à bref délai? De l'instabilité des ministres résulte donc inévitablement un autre mal : l'inertie ou le désordre dans la hiérarchie administrative. » (*Revue des Deux-Mondes,* 15 décembre 1882.)

de l'intérieur, soit plus de **deux** par an et douze ministres des affaires étrangères. Lord Lyons, qui était ambassadeur d'Angleterre à Paris, avant le 4 septembre, l'est encore. Pendant ce temps quinze représentants de la France se succédaient à Londres (1). Tel département en est à son quatorzième préfet (la Corse, depuis quatre ans en a eu huit) ; telle grande ville à son dixième maire, etc... Ce n'est pas la compétence, ce n'est pas l'indépendance seulement qui manque aux hommes d'État, aux administrateurs du régime actuel pour faire une besogne utile, — c'est le temps.

Pourrait-on supprimer ces abus, sans en supprimer le principe ? Évidemment non. Il faut moins s'en prendre à l'insuffisance des hommes qu'au vice du système. Tout pouvoir subit la loi de son origine ; nous le disions plus haut et nous devons le répéter ici.

Comment voudrait-on que les ministres cessassent d'obéir à ces députés dont un caprice leur a donné, dont un caprice leur enlèverait le pouvoir ?

Comment voudrait-on que les députés ne fussent plus les instruments dociles de ces comités qui les ont fait élire et qui, à la moindre velléité d'indépendance, les menacent de leur susciter un concurrent.

Comment voudrait-on qu'un cabinet durât quelque temps, quand il n'est soutenu que par une collection de groupes n'abdiquant jamais leurs prétentions particulières et formant, au jour le jour, une majorité fac-

(1) M. Tissot, duc de Broglie, M. Gavard (par intérim), comte Bernard-d'Harcourt, duc Decazes, duc de Bisaccia, comte de Jarnac, M. Gavard (par intérim), marquis d'Harcourt, comte de Montebello (par intérim), amiral Pothuau, M. Léon Say, M. Challemel-Lacour, M. Tissot, M. Waddington.

tice, que le moindre incident, le plus léger froissement d'amour-propre suffit à dissoudre ? (1)

Changeât-on même la forme extérieure du Gouvernement, remplaçât-on la république par une monarchie parlementaire, on ne réaliserait pas une amélioration très sensible.

Comme le Président de la République, le Roi constitutionnel ne serait qu'une machine à signer des ordonnances et à prononcer des discours, — souvent contraires à ses propres sentiments. Les ministres seraient toujours aux ordres des députés et ceux-ci aux ordres des comités électoraux. Les cabinets, battus en brèche par une coalition de groupes mobiles, se succèderaient avec la même rapidité. Les intentions seraient meilleures, mais les résultats à peu près semblables. La cuisine serait plus proprement faite, mais ne vaudrait guère mieux (2).

(1) Ces groupes se multiplient sans cesse et se subdivisent entre eux. Quand M. Rivet prit la direction du journal *La France*, nous avons appris qu'il appartenait « à la fraction modérée de la gauche radicale » !

(2) Même quand il se trouvait chez nous en de meilleures conditions, avant l'avènement du suffrage universel, le gouvernement parlementaire provoquait par son impuissance et son instabilité, les récriminations les plus vives. Rien d'aussi instructif à cet égard que la correspondance de Fonfrède, ami très ardent de la dynastie de Juillet. On en pourra juger par les extraits suivants :

— « 1er février 1835 : « Ah ! mon cher ami, que je suis triste ! que je suis malade ! quelle Chambre ! Il n'y a pas un tiers-parti, il y en a dix ou douze. Tout cela est parqué en petits paquets, avec de petits chefs, de petites intrigues, de petites passions, empêchant le gouvernement de faire et ne sachant rien faire !... »

— « 20 avril 1836 : « Session perdue, politique nulle, économie rétrograde, gouvernement asphyxié et déconsidéré des pieds à la tête, voilà le ministère du 22 février. L'avenir est bien triste ! »

— « 28 mars 1837 : « Il est impossible que la France soit

Pour que le régime parlementaire fonctionne régulièrement dans un pays, il faut que la province autonome y puisse faire tranquillement ses affaires, pendant que la capitale pérore. Il faut que ce pays se divise en deux partis, nettement tranchés, d'accord pour maintenir le gouvernement établi, mais ayant sur tout le reste des vues, des tendances différentes. Il faut que • chacun de ces partis occupe le pouvoir aussi longtemps qu'il représente l'opinion dominante, qu'il n'en soit chassé que par une de ces grandes évolutions de

menée ainsi, ou tout se dissoudra. Si, à la première crise, il ne vient pas une main un peu forte, nous donnerons au monde l'exemple d'une anarchie comme on n'en a jamais vu. »

— « 26 decembre 1837 : « Il ne faut pas augmenter les tripotages du représentatif, tel qu'on le comprend depuis Juillet, c'est-à-dire ce qu'il y a de plus absurde au monde. Imaginer qu'on puisse gouverner la France ainsi, c'est du délire. Le Fonfrède aura raison : on viendra au 18 brumaire de la pensée ou à une dissolution politique complète. »

— « 12 mars 1838 : « Penser que notre formule gouvernementale pourra se maintenir telle qu'on a fait la bêtise de la constituer en 1830, c'est un miracle auquel ma raison et ma foi se refusent également... Ah ! que la France serait mieux gouvernée si elle n'avait pas de députés ! »

— « 13 mars 1838 : « Quand je vois six ministres du roi cloués sur leurs bancs pour entendre ces sornettes six heures de suite et n'avoir pas deux heures pleines pour faire les affaires de leur ministère ; quand je pense que cela dure huit mois de l'année, je me prends la tête à deux mains et je pleure de rage. Il est impossible que sous la cape du ciel il y ait un pays qui résiste à un tel régime. »

— « 13 janvier 1834 : « Voilà un mois que la Chambre est assemblée et voilà un mois qu'il n'y a plus ni gouvernement ni administration. On ne songe à aucune loi, à aucune amélioration. On se dispute seulement à qui sera ministre et on tâche de détruire la royauté pour devenir ministre. Les étrangers qui sont à Paris haussent les épaules et déclarent que jamais ils n'ont rien vu de si honteux. La France est déshonorée. »

— « 17 mars 1840 : « Une assemblée élective peut intervenir pour tempérer le gouvernement, mais jamais pour gouverner. On essaye le contraire depuis 1830 ; c'est une folie !... Du gouvernement de la Chambre il est résulté ce que vous voyez : l'anarchie morale, politique, administrative, la corruption électorale, la stagnation du commerce, etc. »

l'esprit public qui ne se produisent qu'à de longs intervalles.

Or, ces deux conditions indispensables, — à défaut desquelles « le gouvernement parlementaire aboutit à la confusion, à l'impuissance et à la déconsidération » (1), deviennent de plus en plus rares.

Partout, — par une conséquence naturelle des progrès incessants de la démocratie, — le domaine, la sphère d'action, la responsabilité du pouvoir central s'étendent; et, à côté des deux grands partis du mouvement et de la résistance, de nouveaux groupes politiques se fondent. Partout, sous cette double influence, le régime parlementaire se détraque plus ou moins.

Dans la *Revue des Deux-Mondes*, — recueil peu suspect de parti pris contre cette « doctrine » dont il avait été le berceau, — un publiciste distingué, M. de Laveleye (2), l'a nettement reconnu :

Il y a peu d'années, — disait-il dans une étude importante et qui mérite de nous retenir quelques instants, — posséder ce régime était le vœu des peuples qui en étaient encore privés. Aujourd'hui qu'il existe dans tous les pays civilisés, sauf en Russie, on trouve qu'il marche mal; on s'en détourne avec indifférence et parfois même avec mépris. Un écrivain russe qui, d'une plume vaillante, défend le gouvernement du tsar me disait : « La fin de notre siècle

(1) E. DE LAVELEYE. *La Démocratie et le Régime parlementaire.* — Dans une étude sur la Belgique, M. Valbert dit : « Ce qui n'est pas commun non plus, c'est une nation où il n'y a que deux partis et rien n'est plus favorable au bon fonctionnement du régime parlementaire. *Dès qu'il y en a trois on se coalise et tout devient précaire,* les cabinets sont à la merci des accidents, ils sèchent en un jour comme des fleurs des champs. » (*Revue des Deux-Mondes*, 15 décembre 1883.)

(2) 15 décembre 1882. *Le Régime parlementaire et la Démocratie.*

verra la chute définitive du régime parlementaire ». Le fait est que partout il subit une crise.

Dans les pays où il n'y a pas de partis disciplinés, mais seulement des groupes mobiles formant une majorité précaire, — comme la France, l'Italie, l'Autriche ou la Grèce, — la crise est plus aiguë et les vices du système plus flagrants.

En France, dit M. de Laveleye,

..... Les ministères n'ont ni durée, ni consistance. Ils se renouvellent fréquemment et, même pendant qu'ils subsistent, le terrain à chaque instant se dérobe sous leurs pas..... Le chef de cabinet ne peut gouverner qu'en louvoyant, cédant aujourd'hui, se dérobant demain, résistant parfois, mais toujours au risque d'une chute, harcelé par les interpellations, compromis dans les conflits, jamais sûr du lendemain.

En Italie : .

Le Parlement est un kaleïdoscope. Jamais deux séances de suite n'offrent le même aspect. Les groupes sont sans cesse en voie de transformation. La somme d'esprit, d'adresse, d'éloquence et de souplesse qu'un ministère doit dépenser pour durer un an est prodigieuse..... Dans les nominations, on tient moins de compte des nécessités du service et du mérite des candidats que des recommandations des membres du Parlement. Devant eux, à Rome comme en province, chacun tremble et tous cèdent. Les lois, les règlements, l'équité, l'intérêt public, pour leur complaire, tout est mis en oubli. Il y a là une source permanente de désordre, de dilapidation, de favoritisme et de mauvaise gestion.

En Grèce :

Le régime parlementaire offre les mêmes tableaux qu'en

Italie, mais avec des teintes plus sombres..... Au lieu de vrais partis politiques, il n'y a que des nuances et des groupes..... Le député a été nommé par des influences personnelles ou locales et non pour faire prévaloir telle ou telle ligne de conduite dans la marche générale des affaires. Ce que ses électeurs attendent de lui, c'est qu'il obtienne pour eux du gouvernement le plus de faveurs possible..... Comme la table n'est pas assez abondamment servie pour rassasier tout ce monde d'affamés, le nombre des mécontents va croissant. Ils se coalisent, obtiennent la majorité, renversent le ministère ; et bientôt le même manège recommence.

En Autriche :

Le Reichsrath est réduit à l'impuissance par les rivalités des nationalités qui s'entrechoquent.

En Allemagne, les institutions constitutionnelles n'existent que pour la forme et « par la tolérance de l'armée ». En réalité, le Parlement est « maté ou annihilé par la volonté de fer d'un grand ministre » ; lequel professe un profond mépris pour le parlementarisme et disait dès 1869 : « Le gouvernement de cabinet est un fléau dont l'Europe ne tardera pas à se guérir (1). »

(1) « M. de Bismarck consent à se laisser discuter, il accorde aux assemblées un certain droit d'inspection et de contrôle dans les affaires de l'État, il les autorise à voter le budget des dépenses, à examiner, à amender, à corriger les lois ; mais il n'admet pas que son existence dépende de leur bon plaisir..... En Angleterre, le cabinet n'est qu'un comité du Corps législatif ; en Prusse, il est le représentant du roi. En Angleterre, à la vérité, la Chambre des communes ne choisit pas directement les ministres, mais elle les impose au choix du souverain ; en Prusse, le souverain les choisit au gré de ses intérêts et de ses convenances. En Angleterre, ils sont les serviteurs du Parlement et quand ils ont maille à partir avec ce maître capricieux et mobile, ils doivent résigner leurs fonctions ; en Prusse, ils sont les serviteurs de la couronne et ils restent en charge aussi longtemps qu'ils possèdent sa confiance. » (VALBERT. *L'Avenir politique de l'Empire allemand.*)

Mais ce qui est plus digne de remarque c'est que là même ou depuis longtemps il est acclimaté, où il semble trouver les meilleures conditions d'existence, le régime parlementaire s'affaiblit, s'énerve et se discrédite :

Dans sa patrie d'origine, en Angleterre, il cesse presque de fonctionner. Sans cesse arrêté il n'est plus capable de faire des lois, il n'a plus d'autres résultats que de harceler les deputés et de tuer les ministres... Gouverner était facile quand il n'y avait que deux partis en présence, les wighs et les tories. Aujourd'hui que se sont formés le parti radical et le parti irlandais, ni wighs ni tories ne peuvent conserver le pouvoir s'ils ont ces deux groupes contre eux. De là la nécessité des concessions et des compromis... Depuis que les attributions du pouvoir central se sont étendues, le Parlement succombe visiblement sous sa tâche. Chaque année M. Gladstone constate avec tristesse la stérilité des sessions, où son infatigable activité n'aboutit à rien. Récemment encore il disait que la dernière n'avait été que honte et confusion (1).

De cette enquête approfondie, le rédacteur de la Revue des *Deux-Mondes* conclut : que « le régime parlementaire, né en Angleterre pour régler un petit nombre d'affaires, n'est pas fait pour être le mode de

(1) C'est à la gestion des affaires extérieures que nuit surtout selon M. Laveleye, l'impuissance et l'instabilité du gouvernement, dans les pays ou le système constitutionnel est mal équilibré : « Il est absolument certain, dit-il, que le régime parlementaire dans un etat démocratique est, par sa constitution même, incapable de faire de bonne politique étrangère. Pour cela tout lui manque : les traditions, les informations, les alliances et surtout ce que rien ne remplace : la suite dans les idées, la durée. » Ne pouvant compter sur des alliances, le régime parlementaire a plus de peine que tout autre à organiser, à discipliner les forces nationales : « Là où le conflit ne peut manquer de se produire et où il est mortel, c'est dans les relations entre le Parlement et l'armée. »

gouvernement de l'état moderne avec les mille attributions qu'on lui a successivement imposées » ; — qu'il est « monstrueux » de soumettre aux incessantes fluctuations des luttes parlementaires les graves intérêts sociaux dont les gouvernements ont reçu la charge ; — que « plus la démocratie règne complètement, plus il est indispensable qu'il y ait un pouvoir indépendant ».

Mais comment constituer ce pouvoir indépendant ? Après avoir très nettement signalé les inconvénients du système actuel, M. de Lavaleye indique plus vaguement les moyens d'y remédier. Le seul qu'il propose expressément, c'est adopter le régime constitutionnel des États-Unis, lequel fait du président le chef effectif et responsable du gouvernement et soumet à sa seule autorité les ministres choisis par lui en dehors des Chambres.

Plusieurs de nos députés républicains, éloignés du pouvoir, plus sensibles à des abus dont ils ne profitent pas, espérant sauver la République s'ils améliorent ses institutions, ont émis le même vœu.

M. Andrieux l'a formulé à plusieurs reprises, affirmant, lui aussi, que « le parlementarisme est incompatible avec le suffrage universel » ; qu'il devient « de plus en plus impraticable à mesure que la démocratie se développe » ; et chaque fois qu'il a soutenu cette thèse, un certain nombre de ses collègues, appartenant à différentes fractions de la gauche ont paru l'approuver (1).

(1) Avant que M. Adrieux posât nettement cette question à la tribune, M. Achard, député de la Gironde, avait déjà dit : « A mon avis le meilleur moyen pour conjurer les crises ministérielles serait de prendre les minstres hors de la Chambre. »

Mais il ne s'agit pas là, comme on paraît le croire, d'une réforme secondaire ? Donner au chef de l'État l'indépendance et l'initiative, laisser le contrôle seulement aux Chambres, ce ne serait pas amender, perfectionner notre système politique, ce serait en changer l'essence et le transformer radicalement ; ce serait revenir à la Constitution qui replaçait « la pyramide sur sa base ; » ce serait, — de même qu'en 1830, on faisait une monarchie entourée d'institutions républicaines, — faire une république entourée d'institutions impériales.

Tel était d'ailleurs l'objectif secret de Gambetta. « Remerciez Dieu, disait-il à Skobeleff, quand il le vit à Paris, remerciez Dieu de n'avoir pas de Parlement. Vous bavarderiez cent ans sans faire rien qui vaille. » Le joug d'une majorité incapable et brouillonne pesait lourdement sur ses épaules : il rêvait de s'en

---

— M. Naquet, lorsqu'il quitta la Chambre, avait annoncé l'intention d'y déposer une proposition en ce sens.

— M. Marel, écrivait dans le *Radical* du 1er août 1884 : « Le dirai-je ? je ne suis pas autrement fâché de tout ce qui arrive. Il est bon qu'on ne respecte plus rien ; et le Parlement remplit certainement une mission providentielle, celle de dégoûter du régime parlementaire. »

— Sans se prononcer pour une réforme aussi radicale de nos institutions, d'autres républicains prouvent combien elle serait désirable en nous montrant comment les députés usent aujourd'hui de leur initiative :

« Le niveau parlementaire tend à baisser considérablement. Les hommes instruits, compétents, expérimentés sont l'exception. Sur cinquante députés, il y en a cinq qui ont une valeur réelle, dix qui sont d'honnêtes médiocrités ; le reste se compose d'hommes nouveaux en toute chose, qui viennent apprendre leur métier législatif aux dépens de la France. Faut-il s'étonner si les lois sont mal faites, si elles traînent pendant des années dans des commissions dont les membres, sans compétence et sans idées arrêtées, flottent de système en système, étant toujours de l'avis du dernier orateur ? Faut-il s'étonner, si, — véritable plaie de notre politique française, — on soulève toutes les questions a la fois, on met en lutte tous les intérêts, on excite l'appétit de tous les budgétivores, pour des motifs de popularité ou d'intérêt électoral ? (*Le Siècle* 1883.)

affranchir et la Constitution de 1852 était l'idéal auquel il tendait (1).

Beaucoup d'autres y tendent comme lui.

C'est la Constitution de 1852 que M. le Comte de Chambord avait prise pour modèle et qu'il nous eût octroyée, s'il fût monté sur le trône (2).

C'est la Constitution de 1852 que réclament les royalistes pénétrés de sa pensée et fidèles à sa doctrine. Ce vœu est implicitement compris dans la Déclaration d'Angers (3).

Les royalistes de cette école, estimant avec raison que la France est, en définitive, ce que la font ses chefs (4), comptant beaucoup pour la régénérer sur

(1) La *Patrie* enregistra autrefois le propos suivant, que confirment bien d'autres informations venues de différentes sources : « Un député centre gauche nous disait, au sortir d'une conversation qu'il eut avec M. Gambetta : « Son idéal, c'est la Constitution de 1852, c'est-à-dire, l'irresponsabilité des ministres et la responsabilité, forcément illusoire du Président. Il me l'a déclaré positivement. »

(2) « Il avait été convenu que tout d'abord une période de dictature était nécessaire et qu'une Constitution peu différente de celle de 1852 devait être appliquée. » (H. DE PÈNE. — *Henri de France.*)

(3) « Ce qu'il faut à la France, c'est un gouvernement fort, résolu à rompre avec les fictions parlementaires incompatibles avec tout esprit de suite dans le gouvernement et qui réduisent la souveraineté à n'être plus que le jouet de majorités aveugles et passionnées. »

(4) « Cette nation volage, qui n'aime jamais la liberté que par boutades, mais qui est constamment affolée d'égalité, cette nation multiforme fut fanatique sous Henri IV, factieuse sous Louis XIII, grave sous Louis XIV, révolutionnaire sous Louis XVI, sombre sous la République, guerrière sous Bonaparte, constitutionnelle sous la Restauration, variant perpétuellement de nature selon l'esprit de ses guides. » (CHATEAUBRIAND. *Mémoires d'Outre-Tombe.*)

l'influence du souverain et du gouvernement animé de son esprit, veulent que cette influence puisse se faire sentir. Les intentions, le caractère, les principes du Prince leur paraîtraient une garantie médiocre si les rênes du gouvernement ne devaient pas être dans ses mains. (1)

Pour justifier leurs appréhensions, ils invoquent l'exemple de la Belgique, où, de 1877 à 1884, les sentiments personnels du roi Léopold n'ont pas empêché ses ministres d'opprimer les catholiques, d'entraver le recrutement du clergé, de rompre toutes relations avec le Vatican, de laïciser les écoles, de favoriser la secte

(1) « Tous les royalistes reconnaissent les avantages de l'hérédité dynastique; mais les uns estiment que la monarchie parlementaire les rendrait à la France; les autres pensent que le trône relevé sur cette base brûlante serait bientôt renversé. Pour juger qui a raison comparons, dans la pratique éventuelle, les deux systèmes opposés... Un régime à peu près analogue à celui de 1830 est établi avec l'addition dissolvante du suffrage universel. Est-il possible que ce régime soit solide? Non. Les ministres sans cesse menacés par les compétiteurs et par les ennemis, ne peuvent se maintenir. Ils cherchent, selon la coutume libérale, la popularité dans les concessions; ils penchent vers le centre gauche et y quêtent un précaire appui.

« ... Bientôt un cabinet centre gauche rationnaliste et demi-républicain succède à ces demi-royalistes trembleurs... Le roi contresigne des lois opposees à celles de la veille. Les prochaines élections produiront une majorité de gauche. Le roi prendra son chapeau, se démettra et s'en ira, s'il veut accomplir correctement son devoir de chef nominal d'un gouvernement parlementaire...

« L'empire allemand est une monarchie autoritaire et militaire : il importe à la France de se constituer de la même manière pour ne pas rester dans l'infériorité...

« La France est un pays continental, bouleversé, centralisé, démocratisé par les révolutions, où la famille se désagrège, ou la capitale, atteinte de convulsions périodiques, dispose des destinées de la nation : est-il raisonnable d'infliger à la France le mode le plus faible et le plus instable de gouvernement? » (Comte DE LATOUR. L'*Univers*.)

Quiconque s'intéresse à ces questions devrait lire, en entier, dans l'*Univers* du 26 août 1884, le remarquable article dont on vient de lire un trop court extrait.

des solidaires, de faire en un mot tout ce que MM. Paul Bert et Ferry devaient faire chez nous. (1)

Pour être garantis contre une telle éventualité, ils ne veulent pas d'un souverain *in partibus*, comme était, de 1830 à 1848, le roi des Français, comme est aujourd'hui son petit-fils, le roi des Belges, et prient M. le Comte de Paris de les rassurer à cet égard.

C'est lui demander de répudier la cause qu'il avait jusqu'ici représentée, les idées dans le culte desquelles il a été élevé, que le testament bien connu de son père, et celui de sa mère (2) lui recommandaient de ne jamais déserter, que les siens ont toujours considéré comme un patrimoine inaliénable.

En 1853, M. le duc de Nemours se rendit auprès de M. le comte de Chambord, à Nervi, dans l'espoir d'effectuer entre les deux branches de la Maison Royale

(1) « Il suffit de voir ce qui se passe en Belgique pour être convaincu que le rôle de la royauté autrement compris (qu'il ne l'était par M. le comte de Chambord) n'offre aux catholiques aucune garantie sérieuse. Ce pays voisin du nôtre possède la forme monarchique avec le principe d'hérédité, et il a de plus cette rare bonne fortune que rien de tout cela n'est contesté par aucun parti. Et cependant il n'est guère de nation où le pouvoir civil inflige au christianisme des blessures plus cruelles. Hier encore Léopold II sanctionnait une loi sur le service militaire qui n'aboutit à rien de moins qu'à l'extinction du clergé catholique, comme il ratifiait naguère la loi de malheur sur les écoles sans Dieu et la loi de confiscation concernant les bourses de l'Université de Louvain ; comme il acceptera demain tout ce que la majorité parlementaire voudra bien lui imposer. Eh bien ! nous le disons hautement et sans détour, entendue de la sorte et réduite à d'aussi minces proportions, la royauté ne nous apparaîtrait pas comme un principe de salut : à pareille besogne, M. Grévy suffit amplement. » (L'ANJOU 1883.)

(2) « Que mes fils restent fidèles aux préceptes de leur enfance ; qu'ils restent fidèles aussi a leur foi politique... Ils se souviendront toujours des principes politiques qui ont fait la gloire de leur Maison, que leur aïeul a fidèlement servis sur le trône et que leur père (son testament en fait foi) avait adoptés avec ardeur. » (*Testament de Madame la Duchesse d'Orléans.*)

cette réconciliation qui ne devait avoir lieu que vingt ans plus tard. Le caractère de cette démarche ayant été, selon lui, mal inteprété par son auguste cousin, M. le duc de Nemours crut devoir le rétablir dans la note suivante :

25 janvier 1857.

Dans une lettre de Mgr le comte de Chambord, écrite à l'occasion de la mort de M. de Salvandy et publiée par des journaux, se trouve une phrase qui représente la réconciliation accomplie en 1853 comme une des plus fermes garanties de la France.

Cette phrase, nous en avons acquis la preuve, a un sens sur lequel le doute n'est plus aujourd'hui possible et elle a pour effet de faire croire à des engagements que mes frères et moi n'avons pas contractés. Nous sommes dès lors, quoique bien malgré nous, obligés de rompre le silence que nous nous étions promis de garder sur les relations que nous avons eues avec Mgr le comte de Chambord. ·

Lorsqu'en effet, dans une pensée de concorde, je me suis rendu auprès de Mgr le comte de Chambord, je ne l'ai fait que sur l'assurance formelle que cette démarche n'impliquerait aucun engagement.

En lui exprimant ensuite notre désir sincère de voir la France l'appeler un jour au trône et notre volonté de consacrer, dans l'occasion, tous nos efforts à obtenir ce résultat, j'ai été loin de lui offrir un concours aveugle et indéfini ; un accord préalable devait nécessairement en déterminer les conditions.

Ces conditions, de notre côté, se seraient résumées en trois points principaux, *que nos convictions comme le respect dû au passé de notre famille, nous commandent de ne jamais abandonner.*

1° Maintien du drapeau tricolore qui aujourd'hui, aux yeux de la France, est le symbole du nouvel état de la société et le résumé des principes consacrés depuis 1789 ;

2° Rétablissement du gouvernement constitutionnel ;

3° Concours de la volonté nationale à ce rétablissement, ainsi qu'au rappel de la dynastie.

De ces trois points, le premier seul a été abordé avec Mgr le comte de Chambord, lors de ma visite à Nervi, et le résultat de cet entretien a été tel que nous avons cru devoir l'informer qu'aussi longtemps que ce point resterait indécis, toute communauté de vues entre lui et nous était impossible.

Depuis lors cette situation, à notre très grand regret, ne s'étant pas modifiée, et toute idée d'une entente préalable étant même repoussée par Mgr le comte de Chambord, il est devenu obligatoire pour nous de mettre un terme à des tentatives d'accord aujourd'hui inutiles.

Nous regrettons vivement de n'avoir pas mieux réussi dans nos efforts pour réunir sous un même drapeau toutes les nuances du parti constitutionnel, car c'eût été pour nous une manière de servir la France.

Notre résolution est désormais d'attendre les événements et de prendre, en chaque occasion, conseil de la raison et de nos devoirs envers notre pays.

Louis d'Orléans.

M. le duc de Nemours, qui a toujours passé pour le plus légitimiste des princes d'Orléans, estimait lui-même que sa famille ne pouvait « jamais » abandonner la cause du gouvernement constitutionnel ou parlementaire, que le respect de son passé le lui interdisait.

Les événements ne modifièrent point les idées des princes d'Orléans. Ils se crurent toujours liés par les traditions de leur maison. Après le 4 septembre, M. le comte de Paris s'en inspirait encore en se disant républicain (1) « infiniment plus républicain que ses

____

(1) Le 18 janvier 1871, il écrivait de Twickenham à M. Elsingre : « En toute occasion, j'ai bien établi que je ne tenais qu'à une chose : la jouissance de mes droits de citoyen ; que j'étais prêt

mais (1) ». Deux ans plus tard la même cause qui avait arrêté, dès le premier mot, les pourparlers de Nervi faisait échouer les négociations de Salzbourg. M. le comte de Paris, c'est M. de Grandlieu qui l'a déclaré, voulait le rétablissement de la Charte de 1814, — peu différente de celle de 1830, — « avec les modifications toutes naturelles que comportent les temps nouveaux et les expériences faites. » M. le comte de Chambord n'entendait accepter ni la Charte de 1830 ni celle de 1814 (2).

à servir mon pays de la manière que celui-ci le voudrait, mais que je regardais toujours comme le seul et vrai gouvernement de la France celui que mon pays aurait choisi... Les offres de service adressées au gouvernement de la Défense nationale ont été, ce me semble, la meilleure reconnaissance de la République, car une fois à son service on doit bien croire que nous l'aurions servie loyalement. Que pouvions-nous faire de plus ? Reconnaître la République ? Mais il n'y a que les puissances étrangères qui reconnaissent un gouvernement. Quant à nous, simples citoyens, nous n'avons qu'à nous soumettre et le servir. Nous déclarer républicains ? Mais à quoi servirait cette expression d'opinions qui n'engagerait aucun de nos amis ? Quant à moi, je sais déjà que je suis infiniment plus républicain que ces derniers ; c'est-à-dire que je n'ai aucune répugnance pour cette forme de gouvernement. »

— Cette lettre fait naturellement penser à la déclaration que Louis-Philippe adressait à Bérard peu de jours avant le 9 août : « Si je parviens au trône et je ne puis me dissimuler que j'en suis menacé, vous ne sauriez croire à quels regrets je serai condamné. J'accepterai comme un devoir, non comme un plaisir. J'ai toujours conservé au fond du cœur un vieux sentiment républicain dont je sens que je ne me séparerai jamais. »

(1) Et pourtant combien de ses amis glissaient déjà, comme par une pente insensible, du parti de la royauté constitutionnelle où ils avaient jusqu'alors servi, dans le parti républicain. Si MM. Thiers, Dufaure, de Rémusat, Casimir Perier, de Montalivet, de Malleville, Rivet, Calmon, Léon Say, etc., ne s'étaient ralliés à la République, jamais celle-ci ne se fût installée chez nous.

(2) *L'Union* disait alors : « Jamais Henri de Bourbon n'acceptera la Monarchie que les *parlementaires* et les libéraux veulent lui imposer. En reconnaissant le droit du chef de la maison de France, M. le comte de Paris a répudié la Monarchie parlementaire. »

Le marquis de Castellane avait dit, au nom de ses amis du centre droit : « La monarchie sera constitu-tionnelle où elle ne sera pas »... La monarchie ne fut pas.

Depuis ce temps sans doute le régime parlementaire n'a pas cessé un seul jour de se discréditer. Après chaque session, on pourrait dire après chaque séance de la Chambre, l'opinion se montrait plus écœurée de son impuissance, et le besoin d'une autorité indépen-dante et forte se faisait plus impérieusement sentir.

Tel est à cet égard le courant des idées que les par-tisans les plus dévoués de M. le comte de Paris, les plus hostiles à la déclaration d'Angers, sans oser y céder tout à fait, osent encore moins lui tenir tête. M. de Pène nous promet un gouvernement aussi énergique, aussi puissamment armé que les circons-tances l'exigeront, et, s'il le faut, aussi autoritaire que le régime impérial (1).

(1) Le *Télégraphe* ayant dit que M. le comte de Paris pre-nait pour programme la Constitution de 1852, M. de Pène, après avoir déclaré qu'il était moins fixé que ce journal républicain sur les intentions du Prince, ajoutait : « Mais quand le rétablis-sement de l'autorité et de la discipline est le premier besoin d'un peuple trop longtemps livré aux pires entraînements de la démagogie, on pourrait plus mal choisir dans la collection de nos constitutions que celle de 1852. A coup sûr, le temps a mar-ché depuis trente ans et beaucoup de choses ont changé ; mais ce qui est invariable, c'est la nécessité d'un gouvernement fort... De même que le régime des individus varie et qu'il leur faut, quand ils relèvent de maladie, prendre des précautions qui cessent d'être nécessaires alors qu'ils sont rentrés en pleine possession de leur santé, de même une nation ne saurait être invariablement assujettie aux mêmes règles. Tantôt elle réclame plus et tantôt moins de liberté, selon la dose qu'elle est en état de supporter... Donc, c'est le moment où la monarchie sera restaurée, c'est le besoin qui dominera dans le pays à l'époque où elle le sera qui indiqueront, croyons-nous, à M. le comte de Paris quelle est la Constitution qu'il doit préférer... Nous croyons que la Monarchie manquerait à sa tâche, si le

M. de Grandlieu lui-même, peu de semaines après nous avoir présenté la Charte de 1814, comme la plus désirable des constitutions, se défendait d'éprouver le moindre enthousiasme pour les institutions parlementaires et d'en méconnaître le péril (1).

Si intéressantes que puissent être ces déclarations, si considérables que soient les écrivains de qui elles emanent, elles n'ont que la valeur de témoignages individuels. Rien ne prouve que M. le comte de Paris ait été, comme M. de Pène ou M. de Grandlieu, éclairé par « l'expérience de ces derniers temps ». Serait-il, aussi bien qu'eux, revenu de ses illusions libérales et parlementaires que le souci de sa dignité lui interdirait de l'avouer : après avoir opposé ses invincibles scrupules à la restauration de son auguste cousin, pourrait-il avoir l'air d'en faire aujourd'hui bon marché pour augmenter ses chances personnelles ?... S'il en était autrement, si M. le comte de Paris croyait pouvoir rompre avec les traditions de 1830, comment ne l aurait-il pas déjà déclaré ? Comment n'aurait-il pas donné au sentiment de la grande majorité du pays cette satisfaction nécessaire ?

Il ne suffit pas d'ailleurs de savoir si les républicains ou si les royalistes dévoués à M. le comte de Paris et marchant derrière lui seraient disposés à s'approprier

jour où elle sera appelée à « rassurer les bons et faire trembler les méchants », elle hésitait à faire preuve de fermeté. »

(1) Répondant à l'*Univers* et aux auteurs de la Déclaration d'Angers, il leur disait : « Vous condamnez le régime parlementaire qui n'excite pas notre enthousiasme autant que vous feignez de le croire et sur les abus duquel l'expérience de ces derniers temps a bien éclairé tous les esprits sincères. »

la Constitution de 1852 et à nous donner une contre-façon de l'Empire : — il faut encore examiner si, le voulant, ils le pourraient ?

Trois raisons, d'ordre différent, les en empêcheraient : deux raisons de fait, une raison de principe.

La première raison de fait, c'est leur tempérament ; car les partis, comme les individus, ont un tempérament que les circonstances ne modifient guère et qu'ils auraient tort de vouloir forcer.

Le maniement de la Constitution de 1852 exige autant de fermeté que de modération. La modération manquerait aux uns et la fermeté aux autres. Le parti républicain, toujours violent, toujours intolérant, en abuserait contre ses ennemis, contre les neutres et en ferait un instrument de tyrannie. Le parti orléaniste au contraire n'en saurait pas user. Nous avons vu, en 1877, avec quelle gaucherie ses mains novices maniaient l'autorité, à quelles demi-mesures inefficaces aboutissaient ses velléités d'énergie. Tel il fut sous le Septennat, tel il serait encore sous la Royauté, dont il ne saurait faire qu'un Seize-Mai permanent.

Pour être autoritaire l'impérialiste n'a qu'à suivre ses instincts ; l'orléaniste, doit faire violence aux siens. Cela est si vrai, la fermeté administrative semble si bien être le monopole du parti de l'Empire, que lorsqu'un fonctionnaire quelconque fait preuve de vigueur, les vrais républicains l'appellent immédiatement *bonapartiste !...* En quoi d'ailleurs les vrais républicains ne se trompent pas toujours. Car, après quelques mois d'expérience, les fonctionnaires intelligents, dévoués à leur tâche et désirant la bien remplir, en arrivent nécessairement à regretter les procédés administratifs de l'Empire. De là à se dire impérialistes, il n'y a sans doute pour eux que la distance d'un Plébiscite !

La seconde raison de fait qui empêche orléanistes ou républicains de s'assimiler le régime impérial, c'est la doctrine professée jusqu'ici par les uns et les autres.

C'est au nom des libertés constitutionnelles en effet que les uns et les autres ont, pendant dix-huit ans, combattu l'Empire, qu'en 1875 ils l'ont empêché de se relever ; pourraient-ils s'asseoir définitivement à sa place au nom de l'autorité ? Cette volte-face ne les mettrait-elle pas dans la situation la plus fausse au regard de l'opinion ? N'offrirait-elle pas une trop facile revanche à leurs adversaires ? Quel crédit pourraient-ils obtenir du public pour appliquer une politique qu'ils ont si longtemps, si passionnément attaquée? Comment le pays accorderait-il sa confiance à ceux qui sont obligés de reconnaître qu'ils s'étaient absolument mépris sur ses besoins, qu'ils l'ont agité, troublé pendant un demi-siècle en poursuivant des chimères?

L'objection de principe est plus sérieuse encore.

Pour qu'un homme, pour qu'une dynastie puisse exercer les pouvoirs du peuple souverain, il faut que celui-ci les lui ait expressément délégués. Pour gouverner sous le contrôle mais non sous l'autorité des Chambres, un chef d'État — roi ou président — doit avoir reçu l'investiture plébiscitaire. Sans le vote du 10 décembre 1848 et sans les témoignages de confiance que depuis cette date le pays avait prodigué à son élu, la Constitution de 1852 n'eût pas été possible.

Or, les Républicains n'admettent plus cette délégation directe du suffrage universel ; et si quelques royalistes, comme M. Edouard Hervé, paraissent sentir la nécessité de soumettre au moins à la ratification populaire l'établissement de la monarchie nouvelle (1), les autres, en grande majorité, refusent énergiquement de les suivre dans cette voie.

Pourraient-ils s'y engager en effet sans compromettre leur principe? Reconnaître au suffrage universel le droit de ratifier, c'est lui reconnaître évidemment le droit de ne pas ratifier. Admettre le plébiscite ultérieur ou le plébiscite antérieur, c'est, de plus ou moins bonne grâce, s'incliner devant la souveraineté nationale.

Toutes ces hésitations, toutes ces contradictions, en justifiant le silence de M. le comte de Paris, prouvent combien le parti royaliste a de peine à trouver son assiette entre l'ancien droit et le droit nouveau, entre ses traditions et les exigences de la société moderne.

Rien n'a mieux accusé l'incohérence de ces aspirations opposées, rien n'a plus clairement établi et la nécessité d'un gouvernement fort et l'inaptitude des monarchistes constitutionnels à le fonder que certaine

---

(1) « M. Paul de Cassagnac nous demande si nous irions jusqu'au plébiscite. Si la question s'adresse au parti monarchique tout entier, nous n'avons pas qualité pour répondre. Si la question ne s'adresse qu'à nous personnellement, nous répondrons: Oui, sens hésiter... Toutefois le plébiscite n'est pas le moyen d'établir un gouvernement; c'est seulement le moyen de confirmer un gouvernement établi. Le plébiscite peut se faire le lendemain, il ne peut pas se faire la veille. (Edouard Hervé. *Le Soleil*.)

— La *Gazette de France* lui répond que le plébiscite « n'a été, n'est et ne peut être qu'un escamotage ». M. Cornély, dans le *Gaulois*, repousse « avec horreur et dégoût cette odieuse et sauvage invention... cet instrument de mort qui s'appelle le plébiscite ».

lettre-programme publiée par le *Figaro* sous ce titre significatif : LE ROI DES BOURGEOIS.

L'auteur de cette lettre, qui signait : *Un vieux Philippiste*, — engageait à la fois M. le comte de Paris à devenir, comme son grand-père, le représentant de la classe moyenne, le « roi de la bourgeoisie » ; — et à « rajeunir la monarchie en lui donnant une apparence démocratique ». Il réclamait « un système d'autorité très fort », il disait avoir « l'horreur du régime parlementaire, de ce bavardage à robinet libre, de cet appareil de commissions, de sous-commissions, d'amendements et de contre-amendements » ; — mais il déclarait qu'on ne pouvait cependant le mettre de côté !...

Rêver de constituer un système d'autorité très fort, qui s'appuie sur la bourgeoisie, tout en satisfaisant les intérêts démocratiques et de le faire marcher par le mécanisme parlementaire, ou rêver d'adapter les institutions impériales à la Royauté, c'est vouloir faire un cercle carré !

« Un ancien pair de France, — raconte M. Émile Ollivier dans son livre, *Le 19 Janvier*, — demandait à un des serviteurs les plus vénérables de la monarchie de Juillet comment il fallait voter au Pébiscite (de 1851). Celui-ci répondit : Votez oui. *Il* exécutera une besogne que nous ne pourrions exécuter. »

La situation est toujours la même. Pas plus aujourd'hui qu'il y a trente ans le parti monarchiste-constitutionnel et son chef ne sauraient faire la besogne qui s'imposerait à eux.

S'ils voulaient l'entreprendre, ils se heurteraient au bon sens, à l'équité de la masse qui leur répondrait : « Quoi ! C'est vous qui venez me démontrer la nécessité d'un pouvoir fort et le mérite des institutions autoritaires ?.. Que ne le faisiez-vous donc vingt ans plus tôt?.. Comment vous écouterais-je aujourd'hui ? Jusqu'à hier, vous vous étiez si cruellement trompés ! Tout ce qui m'était nécessaire, vous vouliez me l'enlever ; tout ce qui m'était nuisible, me le donner. Reprenez vos anciennes professions de foi, vos anciens discours, vos anciens articles : vous ne sauriez les relire, à cette heure, sans quelque confusion. Des reproches que vous adressiez à l'administration impériale il n'en est pas un qui n'ait été réfuté par les événements, réfuté par vos propres aveux. Vous reconnaissez enfin votre erreur ; et après m'avoir affirmé, quand l'Empire était debout, qu'il fallait à tout prix le renverser, que tout vaudrait mieux que lui (1), vous voudriez subrepticement le restaurer à votre usage !.. Vous voudriez le dérober à ceux qui l'ont toujours défendu, aimé, compris, et fidèles à leurs principes comme à leurs affections, n'ont jamais déserté ni la cause du peuple ni la cause de l'autorité ! Il y a dix ans, vous prétendiez fonder une République sans républicains, dont vous garderiez seuls la direction ; vous rêvez aujourd'hui de faire un Empire sans impérialistes : cette seconde prétention est aussi chimérique que la première. Si vous reconnaissez que le régime impérial est celui qui décidément me convient, eh bien ! soyez logiques et criez avec moi : *Vive l'Empereur !* »

Aussi, quand les monarchistes-constitutionnels attaquent le régime actuel, les officieux ont-ils contre

(1) Au nom du Comité réuni, le 21 avril 1870, dans les bureaux de la *Gazette de France*, M. de Boissieu engageait les royalistes à voter *non*, en disant : « Quoi qu'il puisse arriver, tout ce qui n'est pas l'Empire vaut mieux que lui. »

eux la partie belle. Les abus que vous signalez, leur disait récemment le *Voltaire*, sont inhérents au régime parlementaire, qui est le vôtre ; M. le comte de Paris, roi constitutionnel, serait à la place de M. Grévy, président de la République, que les choses iraient à peu près de même (1) ; « l'Empire seul a le droit de triompher des conflits et des impuissances dont nous sommes témoins ». Et le *Temps*, après avoir soutenu la même thèse, concluait en disant :

Plus on réfléchit, plus on est convaincu qu'en dehors du régime parlementaire il n'y a que le césarisme bonapartiste.

Mais cette observation des officieux ne s'adresse pas seulement aux monarchistes-constitutionnels critiquant les inévitables résultats de ce système parlementaire qu'ils n'osent, qu'ils ne peuvent répudier ouvertement. Elle s'adresse également aux républicains qu'irritent la faiblesse, l'instabilité du gouvernement actuel, et qui veulent couler la République dans le moule de 1852. Eux aussi, ces républicains autoritaires plaident, sans y songer, la cause de l'Empire. M. Henry Maret le leur a dit très nettement :

Je n'ai jamais redouté M. le comte de Chambord ; je ne

(1) Le personnel lui-même serait peu changé s'il faut croire ce qu'un ami de M. le comte de Paris répondait aux questions du *Matin* : « Jamais le comte de Paris, dans l'intimité, n'a manifesté de grandes sympathies pour la politique de M. de Broglie. Qu'il arrive au pouvoir, on le verra prendre ses ministres parmi ces républicains que la nécessité a momentanément ralliés à la République et qui la quitteront plus volontiers pour adhérer à la monarchie constitutionnelle. »

sais pas s'il y a beaucoup plus à s'inquiéter de M. le comte de Paris. Celui-ci ne me paraît pas non plus très désireux du trône. A la vérité, il n'a pas le drapeau blanc et ne se confesse pas aux jésuites. Mais je ne vois pas bien la royauté bourgeoise et constitutionnelle appuyée sur le suffrage universel. Il y a entre ces deux termes une telle contradiction que je ne comprends pas une alliance possible (1). Les Républiques n'ont jamais été tuées que par les Césars... C'est encore l'Empire qui est à craindre. L'Empire est la forme démocratique de l'autorité. C'est pourquoi aujourd'hui les autoritaires y aboutiront fatalement.

Oui, l'Empire est la forme démocratique de l'autorité, — on ne saurait mieux le définir en deux mots ; — oui les autoritaires, tous les autoritaires, ceux de droite ou ceux de gauche, les hommes résolus, actifs, militants, la sève et le ressort des divers partis, doivent fatalement aboutir à cette solution logique et se dire, un jour ou l'autre : si les institutions impériales sont les institutions nécessaires, l'Empire qui seul peut les appliquer en restant fidèle à son principe, fidèle à son caractère, est le gouvernement nécessaire.

Quand nous vantons la supériorité des institutions impériales sur les autres, nous ne prétendons pas qu'elles soient le dernier mot de la sagesse humaine et

(1) D'accord sur ce point avec M. Henry Maret, le marquis de Belcastel écrivait, il y a dix ans, à l'*Univers :* « Depuis 1830, une puissance formidable est née : c'est le suffrage universel. Pour vivre avec elle, pour l'organiser et la diriger vers le vrai et le bien, le système de finesse, de restriction, de demi-mesures et de gouvernement à mi-hauteur, dont l'orléanisme est le symbole, est d'une incurable impuissance. »

qu'il faille absolument les reproduire dans leur intégrité, sans se permettre d'en rien modifier. Nous dirons de la Constitution de 1852 ce que M. de Grandlieu disait de la Charte de 1814 : qu'on la perfectionnerait en tenant compte des expériences faites. Le troisième Empire pourrait évidemment agir à son égard, comme le second Empire agît à l'égard de la Constitution de l'an VII : — en reproduire les principes essentiels, sans se croire tenu d'en copier servilement les détails. Toutes les garanties nouvelles qui, sans énerver l'autorité souveraine, sauvegarderaient plus efficacement les droits des citoyens ou l'indépendance des corps élus, pourraient y trouver leur place. Aux hommes éclairés des divers partis, dont les illusions sincères n'ont pas résisté à la démonstration des faits, chez qui les préjugés d'école n'obscurcissent pas la notion de l'intérêt public, il appartiendrait de rechercher, d'indiquer ces améliorations réalisables. Que la constitution nouvelle fît à chacun sa part légitime, — à la Couronne, l'initiative ; aux Chambres, le contrôle ; au pays, le dernier mot ; — le reste importerait peu : cela seul constitue le régime nécessaire ; cela seul constitue le régime impérial.

IV

PEUT-ON GOUVERNER
AVEC LE SUFFRAGE UNIVERSEL ?

Toute notre argumentation, comme le système impérial lui-même, repose sur le maintien du suffrage universel... Ne pécherait-elle pas par la base?

N'est-il pas chimérique de vouloir fonder rien de solide sur ce sol mouvant ?

Le suffrage universel, même quand, à certaines heures, il paraît s'amender, n'est-il pas l'ennemi naturel du parti conservateur et ne doit-il pas fatalement l'écraser, à moins que celui-ci ne parvienne à s'en défaire ? Si peu de chance qu'il ait d'y réussir, n'est-ce pas pour lui un devoir impérieux de le tenter ?

Beaucoup d'esprits sincères, beaucoup d'esprits distingués en sont convaincus.

Ont-ils tort? Ont-ils raison ?

Nous avons promis d'examiner de près ce point essentiel ; nous allons le faire.

Il ne s'agit pas de savoir si le suffrage universel se montre toujours sage, toujours clairvoyant ; s'il n'est pas susceptible d'erreurs, de caprices, d'égarements. Il s'agit de savoir si, malgré tout, il ne vaut pas mieux que ce que l'on pourrait lui substituer.

Supposons qu'il puisse être aisément supprimé ; que les masses se laissent, sans résistance, sans protestation, sans regret, arracher leur droit de vote. Ce ne serait pas tout de tailler, il faudrait recoudre : quel régime électoral adopterait-on ?

Reviendrait-on au cens de 200 francs exigé sous le Gouvernement de Juillet, et par lequel le nombre des électeurs varia de 166,000 (élections de 1831) à 240,000 (élections de 1846) ?

240,000 électeurs, c'était assurément l'élite sociale ! Plus d'un personnage considérable était alors exclu du droit de voter. A un candidat qui venait solliciter sa voix, M. Cousin répondait : « Monsieur, je suis professeur à la Faculté des lettres ; je suis membre de l'Académie des sciences morales et politiques ; je suis membre de l'Académie française ; je suis membre du Conseil Royal de l'Instruction publique ; je suis pair de France, j'ai été ministre — mais je ne suis pas électeur. »

Ces 240,000 censitaires triés sur le volet ne nommaient-ils que des conservateurs ? Il s'en faut ! Aux élections de 1846, le gouvernement fit passer 266 candidats, l'opposition 193. M. Guizot constate ce résultat avec orgueil. Il était en effet exceptionnel.

Après les élections de 1832 les amis et les adversaires du pouvoir se comptèrent sur le nom du candidat à la présidence. M. Girod (de l'Ain) présenté par le

Ministère eut 181 voix ; M. Lafitte, soutenu par l'opposition, 176.

Après les élections de 1834, on comptait 200 députés ministériels ; 120 membres du tiers-parti ; 120 membres de la gauche.

Après les élections de 1837, le tiers-parti comprenait 112 membres ; l'opposition dite dynastique (et qui ne l'était guère !) 76 ; l'opposition radicale, 24 ; le parti légitimiste, 19 ; soit 231 opposants de toute nuance contre 209 ministériels. M. Molé parvint cependant à recruter dans ces divers éléments une majorité, mais si faible, si précaire qu'il préféra courir les chances d'une dissolution. Les élections de 1838 lui envoyèrent 207 députés amis contre 252 hostiles.

Après dix-huit années de ce régime, le pouvoir était tellement ébranlé que tout le monde redoutait une catastrophe ; et la campagne des banquets, organisée par les favoris du cens, renversait le trône qu'ils avaient fondé.

La loi du 19 avril 1831 était-elle trop libérale encore ? Voudrait-on revenir au régime électoral de la Restauration, qui fixait à 300 francs le cens des collèges d'arrondissement, à 1,000 francs le cens des collèges de département et ne conférait le droit de vote qu'à 96,000 citoyens ?

96,000 citoyens, c'était bien le dessus du panier social ! C'était bien le groupe des gros actionnaires particulièrement intéressés à la bonne gestion des affaires publiques ! C'était bien le bataillon sacré qui ne devait jamais capituler devant la Révolution ! Ceux qui dédaignent la souveraineté du nombre ne sauraient rêver mieux que ce régime... Eh! bien qu'a-t-il produit?

Dès les premières années de la Restauration, nous voyons une partie du corps électoral donner des *leçons au pouvoir* ; et quelles leçons! Les principales villes de France choisissent pour députés des représentants de l'époque et de la tradition révolutionnaires : Lambrecht, Lecarlier, Labbey de Pompières, etc. Grenoble élit, sous l'inspiration des meneurs parisiens, le régicide Grégoire : « Les comités de Paris, dit à ce sujet Lamartine, ne pouvaient trouver, dans toute la France, un nom plus directement néfaste au Roi. »

Plus la Restauration durait, plus l'opposition gagnait de terrain. Dès 1826 on sentait qu'elle dominerait bientôt le trône. Six réélections eurent lieu dans le centre, dans l'ouest, dans le midi de la France ; partout les candidats hostiles furent élus par d'énormes majorités. A Rouen, le candidat du gouvernement n'obtint que 37 suffrages sur 967 votants. Voyant que chaque jour ses forces diminuaient, le Ministère crut habile de devancer par une dissolution le terme naturel de la législature et de surprendre les électeurs en les convoquant à bref délai.

Le 6 février, le *Moniteur* apprenait brusquement au pays que de nouvelles élections auraient lieu le 17 du même mois. L'opposition était prise au dépourvu. En quinze jours, elle n'aurait pas le temps d'organiser une campagne sérieuse. Le procédé n'était par très correct assurément, mais on le croyait infaillible. Pour en assurer le succès, on ne négligea rien. Jamais la pression, l'intimidation ne furent poussées aussi loin ; jamais elles ne furent plus vaines. Cédant au courant général de l'opinion, les fonctionnaires eux-mêmes résistèrent aux ordres de leurs chefs. Le scrutin donna le résultat suivant : ministériels, 157 ; douteux, 24 ; opposants de diverses nuances, 249.

Paris avait nommé tous les candidats de l'opposition par 6,900 voix contre 1,100 données aux candidats du gouvernement. Benjamin Constant, par exemple, recueillait 1,035 voix, tandis que son concurrent ministériel n'en obtenait que 22. Les Parisiens saluèrent ce résultat par des manifestations tumultueuses. Il y eut des rassemblements, puis des cris séditieux, puis des barricades. Pour rétablir l'ordre il fallut des charges de cavalerie et des coups de fusil.

Le gouvernement sut cependant faire quelques recrues dans le Parlement. Sa situation parut se raffermir ; mais elle ne tarda pas à se gâter de nouveau. Lorsque les 221 eurent voté leur fameuse adresse, repoussée par 181 ministériels seulement, une nouvelle dissolution eut lieu. Les élections suivantes offrent avec celles qui eurent lieu en 1877, sous le ministère du 16 mai, une singulière analogie.

Comme les 363, les 221 se représentèrent tous et les Comités les appuyèrent tous, s'opposant à ce qu'aucun d'eux eut d'autre concurrent que le candidat de l'administration.

Comme le maréchal de Mac-Mahon, le roi Charles X, faisant un effort qui coûtait à sa fierté, se décida à intervenir lui-même dans la lutte, à solliciter personnellement la confiance des électeurs dans une proclamation où il disait : « Français ! votre prospérité faisait ma gloire. Votre bonheur est le mien. Au moment où les colléges électoraux vont s'ouvrir, vous écouterez la voix de votre roi. Maintenir la charte constitutionnelle et les institutions qu'elle a fondées est et sera toujours le but de mes efforts... Repoussez d'indignes soupçons et de fausses craintes qui ébranleraient la confiance publique et pourraient exciter de graves désordres. Ces craintes échoueront devant mon immuable résolution... Qu'un même sentiment vous anime ! Qu'un même drapeau vous rallie ! C'est votre roi qui vous le demande ; c'est un père qui vous appelle. Remplissez vos devoirs ; je saurai remplir les miens. »

Ce langage, tout semblable à celui qu'on nous faisait entendre il y a sept ans, ne fut pas plus efficace. Le gouvernement subit une défaite éclatante. Dans le premier scrutin, d'où l'on avait exclu les départements dont on se défiait le plus, il ne fit passer que 55 de ses candidats sur 198. Le second vint naturellement accentuer cet échec. Le résultat total fut : 147 ministériels et 274 opposants ! Sur 8,845 électeurs parisiens, ayant pris part au vote, 7,314 s'étaient prononcés pour les candidats de l'opposition. Des 181 députés fidèles qui avaient repoussé l'adresse, 82 étaient restes sur le carreau. Le Ministre de la Marine, M. d'Haussez, avait échoué dans huit collèges. Quelques mois plus tard les 221 prononçaient la déchéance de Charles X.

Les 96,000 électeurs de la Restauration ne se comportèrent donc pas plus sagement que les 240,000 électeurs du Gouvernement de Juillet. Le cens à 300 francs ne défendit pas mieux les Bourbons de la branche aînée que le cens à 200 francs, ceux de la branche cadette. En résumé le suffrage restreint, que certains conservateurs regrettent si vivement, a deux révolutions à son actif. Il serait juste d'y mettre également les émeutes, les complots, l'agitation permanente qui précédèrent et préparèrent ces deux révolutions. En refusant le droit de vote aux classes inférieures, on donne à leurs revendications, même à leurs revendications violentes un prétexte légitime ; on en atténue l'odieux et on en rend par conséquent la répression moins facile.

Quand tout le monde vote, quand je suis assuré que mon avis, le jour où il sera l'avis de la majorité prévaudra, si je prends les armes pour l'imposer par la force, avant que ce jour soit venu, je ne suis plus seulement un factieux : je suis un despote ; je suis un voleur ; je ne me contente pas de ma part de souveraineté ; je veux usurper celle d'autrui. Ce n'est pas seulement contre le gouvernement que je m'insurge, c'est contre la majorité de mes concitoyens, dont je dois subir la loi. Je n'ai aucune excuse à invoquer pour pallier mon crime ; je ne mérite aucun ménagement, aucun intérêt.

Mais si, mis à la porte du pays légal, je cherche à y entrer par la fenêtre, le pouvoir, me sentant moins coupable, hésitera davantage à me frapper ; il y sera moins encouragé par l'opinion, sans l'appui de laquelle il ne peut résister efficacement.

Nous avons d'ailleurs fait une concession excessive en supposant qu'on pût revenir au régime électoral de 1814 ou à celui de 1831. N'accorder désormais le droit de vote qu'à 100 ou 200,000 citoyens ne serait guère plus aisé que de le refuser à tout le monde. Quoi qu'il arrive, jamais on ne pourrait rétrograder jusque-là ; jamais à ce pays ayant joui, pendant 35 ans du suffrage universel, on ne pourrait imposer, même pour quelques jours, un suffrage aussi restreint. Aucun gouvernement, si décidé qu'il fût à réagir, n'oserait le tenter. On serait obligé de prendre une base plus large, beaucoup plus large, celle de la législation italienne par exemple (1) et d'admettre, au moins, un ou deux millions d'électeurs. Ce serait donner la prédominance à cette classe intermédiaire, qui n'est pas le peuple et qui n'est pas la bourgeoisie véritable, à ces sous-officiers de la grande armée sociale, qui n'ont pu gagner l'épaulette et en veulent à qui la porte ; à l'officier de santé qui jalouse le médecin, à l'huissier qui jalouse l'avoué, au boutiquier qui jalouse le notable commerçant, au chef d'atelier qui jalouse le chef d'usine, etc...

« Ce n'est pas, sauf dans quelques départements, — dit un écrivain légitimiste, M. Frédéric Bechard, — le paysan penché sur son sillon qui hait le presbytère et envie le château. Nous redoutons davantage, pour notre part, tout en reconnaissant ce qu'il y a d'excellent et de particulièrement honnête dans la bourgeoisie restée saine, tel médecin de village mécontent d'une situation à laquelle il se croit supérieur, tel notaire de canton dont les affaires ne vont pas à son gré, tel instituteur communal persuadé que M. About, M. Weiss, M. Taine

(1) Est électeur tout sujet italien, âgé de 25 ans, jouissant de ses droits civils et politiques et payant en contributions directes un cens de quarante francs. Sont dispensés de la condition du cens : les membres des académies, des chambres d'agriculture et de commerce, les professeurs, les fonctionnaires civils et militaires, les personnes ayant obtenu les hauts grades universitaires, les procureurs, notaires, agents de change, médecins, les industriels et commerçants payant un loyer qui varie, suivant les lieux, de 200 à 600 livres : enfin les citoyens possédant 600 livres de rente sur l'Etat, les capitaines de navire et les chefs d'atelier occupant au moins trente ouvriers, s'ils payent la moitié du cens indiqué plus haut.

ont usurpé la place qui lui était due dans la société ; tel petit et oisif rentier de village, coureur et discoureur de cafés, jaloux des loisirs dorés du grand propriétaire voisin. C'est surtout par ces hommes-là que le virus révolutionnaire, dans ce qu'il a de plus vicieux, de plus corrosif, l'envie, l'ambition basse et cupide, la vanité blessée et furieuse, a commencé à s'infiltrer dans les campagnes. Or, supprimez le suffrage universel, rétablissez le cens électoral dans les conditions d'extrême modicité qui lui seraient forcément imposées aujourd'hui ; vous ne supprimerez pas ces électeurs qui sont les pires, vous ne ferez que concentrer entre leurs mains l'influence électorale (1). »

C'est parmi ces déclassés, ces fruits secs de la demi-bourgeoisie, non dans les rangs du prolétariat que la Commune a trouvé ses chefs. C'est parmi eux que les feuilles révolutionnaires recrutent la plus grande partie de leurs lecteurs : chacun peut le constater autour de soi.

Non, — l'observation attentive des faits le démontre nettement, — la classe la plus indisciplinable, la plus

(1) M. Frédéric Bechard n'est pas le seul royaliste qui prenne son parti du suffrage universel. Dans une étude qu'a publiée récemment l'*Univers* et dont l'auteur, dit ce journal, est un homme politique jouant un rôle considérable dans le parti monarchiste, on lisait : « On a reproché tour à tour à M. le comte de Chambord d'être trop absolu quand il réclamait la plénitude de l'autorité royale, d'être trop débonnaire quand il acceptait le suffrage dit universel. Supprimer ce suffrage est en effet le dernier mot d'une certaine sagesse conservatrice, qui du reste, n'a point le souci de nous apprendre comme elle entend le remplacer... Le péril n'est pas dans le mode de suffrage, il est dans une doctrine qui altère et dénature le caractère et le rôle de la representation nationale... Plus dupe que complice le suffrage universel n'est pas le coupable. Ses défauts et ses vices sont visibles, mais ne lui appartiennent pas en propre... Et, prenez garde, le suffrage universel mériterait-il un jugement plus sévère qu'il y aurait néanmoins folie à lui barrer la route. Comme instrument politique il a été faussé par une détestable doctrine ; il peut être redressé par une doctrine contraire ; mais

dangereuse, chez nous du moins, n'est pas la dernière :
c'est l'avant-dernière (1).

Le suffrage restreint a renversé deux trônes : quel
trône a renversé le suffrage universel ?

Celui-ci n'a ni de si fâcheux états de service, ni une
si mauvaise origine qu'on se le figure communément.
Il fonctionna, sous l'ancien régime, pendant des siècles,
sans y causer le moindre désordre.

La période révolutionnaire, d'où on le croit issu,
n'osa pas l'adopter. La Constitution de 1793 le reconnut,
il est vrai ; mais, promulguée le 10 août, cette Constitution fut retirée le 10 octobre sans avoir été mise en
vigueur et l'on en revint au régime de 1791, qui était
le suivant : Les citoyens actifs, — c'est-à dire ceux qui

il est en même temps la caractéristique d'une évolution sociale
et on n'arrête pas le mouvement. »

Le *Français* lui-même, qui témoigne aujourd'hui peu d'estime
et de sympathie pour le suffrage universel, disait au mois de
mars 1870 :

« Le suffrage universel, grande conquête réalisée par le
gouvernement de 1848, est désormais le fondement de nos institutions politiques ; y porter atteinte serait méconnaître les conditions de la société à laquelle nous appartenons et les nécessités de ce temps. Ce n'est pas à restreindre le suffrage universel
qu'il faut que nos hommes d'Etat s'appliquent, c'est à l'étendre
et à le fortifier en l'éclairant... Oter des mains du paysan et de
l'ouvrier le bulletin de vote serait la plus périlleuse des tentatives. »

(1) Dans son excellent livre, *A quoi servent les Parlements*,
M. Ed. Boinvilliers établit fort clairement : qu'en 1815 « les
faubourgs de Paris étaient attachés à l'Empire et que toute la
diplomatie de la classe moyenne révolutionnaire consista à
eviter tout contact entre Napoléon et le peuple proprement
dit » ; qu'en 1830 et en 1848 les journalistes et les bourgeois
révoltés eurent beaucoup de peine à amener le peuple dans la
rue. Louis Blanc, dans son *Histoire de Dix Ans*, l'atteste pour
la révolution de Juillet (Tome Ier, p 200 et suivantes).

étaient âgés de vingt-cinq ans et payaient une contri-
bution directe représentant la valeur de trois journées
de travail, — se réunissaient le second dimanche de
mars pour nommer un électeur par cent habitants.

Le suffrage universel, comme régime électoral régulier, exclusif, date, en réalité, de février 1848. Ses premières manifestations n'eurent rien d'alarmant (1). Le
parti de l'ordre était en majorité à l'Assemblée cons-
tituante, en majorité plus forte à l'Assemblée législative,
où M. Dupin était élu président, par 336 voix, contre
182 données à Ledru-Rollin.

Paris lui-même, qui sous le régime du cens restreint du gouvernement de Juillet, du cens plus restreint
encore de la Restauration, avait presque toujours élu
des candidats nettement hostiles au pouvoir, Paris,
sur 29 représentants, nommait, à cette époque, 22 conservateurs, dont le prince Lucien Bonaparte, le prince
Murat, le général Magnan, M. Fould, etc.

Aux élections générales de 1852, nous voyons le
suffrage universel donner 5,218,602 voix aux candidatures officielles, 810,962 aux candidatures indépen-
dantes. Sur les neuf candidats que lui présentait le
gouvernement, Paris en nomme sept et par de très
fortes majorités (2).

La seconde manifestation du corps électoral fut plus

(1) « Le suffrage universel, pour ses débuts dans la vieille
Europe, confia les destinées du pays à une Chambre libérale,
conservatrice, profondément patriotique. » (Duc DECAZES. *La
Liberté et les Conservateurs*. Paris, 1868.)

(2) M. Guyard-Delalain par 13,000 voix, contre 3,000 données
à M. de Tracy ; — M. Dewinck par 12,000 voix, contre 4,000
données à M. Ternaux ; — M. Kœnigswarter par 15,000 voix,
contre 5,000 données à M. de Lasteyrie ; — le docteur Véron,
par 21,000 voix, contre 600 données à M. Garnon, etc.

favorable encore au Pouvoir : En 1857, 5,471,888 électeurs se prononçaient pour les candidats investis du
patronage officiel, 571,859 seulement pour les autres.
Paris nommait quatre députés hostiles ; Lyon nommait
M. Henon ; Bordeaux nommait M. Curé qui devait
se fondre bientôt dans la majorité dévouée. Tel fut
tout le contingent de l'Opposition. Et qu'on ne s'imagine pas que, découragés par les procédés électoraux
d'une administration autoritaire, les mécontents se
fussent alors systématiquement abstenus. Le nombre
des abstentions ne dépassait pas la moyenne normale
(trois millions sur dix millions d'inscrits). Le suffrage
universel votait et il votait pour le gouvernement (1).

Ayant constaté leur impuissance, les divers partis
opposants résolurent d'associer leurs efforts. L'*Union
libérale* fût constituée et recruta presque tous ses
adhérents dans les classes supérieures. A force d'agiter
le pays par ses journaux, ses brochures, ses professions de foi, ses comités, ses consultations, elle finit
toutefois par entraîner une fraction de la masse électorale.

En 1863, en 1869 la minorité opposante s'accrut,
mais bien faiblement encore ; et le plébiscite de 1870

(1) Appréciant l'ensemble du scrutin, l'*Annuaire des Deux-
Mondes*, annexe de la *Revue des Deux-Mondes* peu suspecte de
complaisance pour l'Empire, le constatait en ces termes : « On
fut peu surpris des votes du 22 juin et du 2 juillet. Ce qui
demeurait évident, en dépit des objections de détail et des
protestations intéressées des partis vaincus, c'était la grande
majorité acquise au gouvernement. Le pays ne voulait pas de
révolution ; il adhérait au régime existant. Les anciens partis
avaient survécu à l'Empire, mais ils semblaient avoir renoncé
à la politique militante. D'ailleurs, chacun d'eux pris isolément
était trop faible, soit au point de vue numérique, soit au point de
vue de l'influence pour prétendre à une action quelconque sur
l'ensemble de l'opinion. »

vint bientôt prouver que si le sufrage universel avait eu quelques aspirations libérales, il n'en restait pas moins attaché à l'Empire, moins résolu à défendre son œuvre.

Fier de participer à la direction de la chose publique, sous un gouvernement qu'il avait fondé, satisfait de sa condition politique, le ;peuple ne cherchait pas, comme en d'autres temps, à en sortir par la violence. Depuis qu'il avait le bulletin de vote en main, il avait déposé le fusil. En vingt ans, — trêve exceptionnelle dans l'histoire de ce siècle, — il n'y avait pas eu une velléité d'émeute !

Le suffrage universel ne prit aucune part au 4 Septembre. Il s'efforça au contraire d'en corriger les effets. Il n'avait pas porté au pouvoir la « Dictature de l'incapacité ». Il l'en fit déguerpir, en envoyant à Bordeaux une importante majorité conservatrice, avec le mandat tacite, mais fort clair, de supprimer la République.

Si la République fut maintenue ; si elle devint le fait légal devant lequel il s'est incliné, — car le suffrage universel s'incline volontiers devant tout pouvoir établi, ce qui n'est pas précisément l'indice d'un tempérament révolutionnaire, — ce ne fut certes pas sa faute ! Il lutta aussi longtemps qu'il put pour y échapper. Résistant avec une étrange fermeté à la pression administrative, il nommait dans l'espace de quelques mois toute une série de candidats bonapartistes et, par ces choix significatifs, manifestait clairement sa volonté de sortir du provisoire républicain pour retourner à l'Empire ; — si clairement que les parlementaires du centre droit et du centre gauche (ces hommes qui regrettent le suffrage restreint, dont ils sont la fidèle expression) s'en émurent et, pour lui barrer la route, proclamèrent ce régime qu'il leur avait donné la mission de détruire (1).

Ce qui entretient parmi nous tant de prévention contre le suffrage universel, c'est que nous le jugeons par ce qui se passe sous nos yeux. C'est autour de nous, c'est-à-dire a la ville, que nous le voyons surtout fonctionner. Dans l'électeur des classes inférieures nous n'apercevons que l'ouvrier, particulièrement accessible, il faut le reconnaître, à la propagande révolutionnaire. Ne voyant qu'exceptionnellement les campagnards nous inclinons à les considérer comme une exception dans la hiérarchie sociale, comme un simple appoint de la masse électorale... Eh bien, la vérité, c'est précisément le contraire. L'appoint, c'est nous les citadins qui le formons et les suffrages urbains ne comptent dans l'ensemble du scrutin que pour une faible minorité.

Or, les campagnards sont, par instinct, conservateurs (2). Leurs mœurs, leurs intérêts en font des adversaires naturels du désordre. Moins accessibles

(1) Ailleurs qu'en France on a vu souvent les idées conservatrices trouver dans les masses leur principal point d'appui : en Suisse, par exemple, ou celles-ci ont rejete la loi de *Stabio* et repoussé les mesures proposées pour la laicisation des ecoles ; en Belgique, où les libéraux sont peu favorables à l'extension du droit de vote, dont ils redoutent les résultats pour leur cause.

(2) « Nous savons aujourd'hui que le conservateur par excellence est le travailleur qui a besoin des jours paisibles pour gagner son pain et celui de sa famille, et, pour sortir, s'il le peut, de la foule à force de labour ; c'est le paysan qui, froidement calculateur, repousse les agitations capables de troubler les marchés sur lesquels il écoule ses produits. » (Duc Decazes, *la Liberté et les Conservateurs*, Paris 1868.)

que les ouvriers de la ville, aux meneurs de la démagogie ils subissent volontiers l'influence du grand propriétaire qui vit parmi eux. Ils ont moins de convoitises, moins de besoins, moins d'envie, moins de vices (les statistiques judiciaires le démontrent). Enfin, tandis que l'ouvrier, et trop souvent le bourgeois, ne voient les choses qu'à travers les lunettes de leur journal, ayant le plus souvent intérêt à les dénaturer, le paysan, qui ne lit guère, les voit avec ses propres yeux, avec son bon sens naturel : il les voit mieux !

On contestera sans doute ce dernier point ; on dira que le temps est loin où les *ruraux* votaient, les yeux fermés, pour les « candidats de l'Empereur » ; que le moindre village a plusieurs cabarets (sans compter les cercles et chambrées) où il trouve les feuilles anarchistes ; qu'enfin le prolétaire des champs, pour avoir plus longtemps résisté, n'en est pas moins infecté aujourd'hui du virus radical ; — et l'on prétendra le prouver par le résultat des dernières élections... C'est une illusion d'optique.

En nommant des sénateurs ou des députés de gauche, les paysans cèdent à une vieille habitude de soumission envers l'autorité. Pour eux l'écharpe et l'habit brodé, quel que soit celui qui les porte, ont toujours un certain prestige. Dans le candidat que recommande le sous-préfet, que le maire accompagne, dont le garde champêtre protège particulièrement les affiches, pour les contraventions duquel la gendarmerie elle-même se montre indulgente, ils ont bien de la peine à voir un homme dangereux.

Ils ne donneraient ni un cheveu de leur tête, ni un écu pour sauver la République en péril ; ils apprendraient même sa chute avec joie ; en attendant, ils croient faire acte de conservateurs en votant pour ceux qui la représentent.

Ils ne pourraient d'ailleurs voter autrement sans s'exposer aux représailles de l'autorité qui les surveille de près. Nous autres, citadins, nous pouvons être indépendants à bon marché, donner des leçons électorales au pouvoir sans qu'il nous en coûte rien. Au village, ces leçons se payent plus cher ; et le paysan qui vote ouvertement pour un candidat hostile fait preuve d'un courage qui frise l'héroïsme.

Mais que les circonstances changent, on verra à quel point la sympathie des électeurs ruraux, pour ce régime dont ils nomment aujourd'hui les candidats, est fragile et précaire ; on verra se renouveler la brusque volte-face qui se produisit il y a trente ans. Les départements qu'on croyait alors absolument acquis au radicalisme, même l'Allier, le Var, le Haut-Rhin, même la Nièvre, — qui venait de nommer M. Gambon ; même Saône-et-Loire, — qui venait de nommer MM. Madier de Montjau, Esquiros et Colfavru, — votaient à une immense majorité pour le plébiscite de 1851, et, par la suite, pour les candidats officiels.

Il y a toujours de la ressource avec le suffrage universel [pour un pouvoir intelligent et fort. Qu'on sache lui parler, faire appel à son bon sens, on est assuré de le reconquérir.

Puisqu'on ne peut songer sérieusement à le supprimer; puisqu'on ne saurait même efficacement l'amender (1), c'est là qu'il faut tendre.

(1) Les tentatives faites pour *épurer* le suffrage universel ont produit de médiocres résultats. M. le duc Decazes (dans la

Dans ces dernières couches sociales que les ennemis du suffrage universel voudraient écarter de la vie politique il y a deux éléments bien distincts : la démocratie rurale et la démocratie urbaine, les paysans et les ouvriers.

Les paysans sont, en très grande majorité, demeurés conservateurs, même lorsqu'ils servaient les intérêts du régime actuel en votant pour ses candidats. Un gouvernement habile et ferme trouverait bientôt en eux son plus solide point d'appui. Un certain nombre d'ouvriers, momentanément exaltés par l'ivresse qui semble se dégager du mot de République pourraient être également ramenés à la sagesse, à l'intelligence de leurs véritables intérêts.

Une autre partie de la démocratie urbaine, nous le reconnaissons, acquise aux doctrines anarchistes, est l'irréconciliable ennemie de tout gouvernement régulier, de toute société normalement constituée. Il faut renoncer à toucher ces cœurs aigris, à convaincre ces esprits faussés : on peut du moins les neutraliser, les dégoûter de la lutte en leur opposant un gouvernement assez fort, assez résolu à se défendre pour qu'ils perdent l'espoir de le renverser.

Le seul bon régime électoral, c'est, en définitive, de bien gouverner ; c'est-à-dire de donner satisfaction à la portion raisonnable du pays, — et de décourager l'autre.

L'Empire l'a su faire deux fois ; il saurait le faire une troisième.

brochure que nous avons déjà citée) constatait que la loi impolitique du 31 mai avait éloigné du scrutin plus de paysans que d'ouvriers. Sur trois millions d'électeurs supprimés, il y avait deux millions d'électeurs ruraux.

V

CONCLUSION

L'Empire étant — pour qui ne se nourrit pas de chimères, et veut aller au fond des choses — la seule expression monarchique du suffrage universel, s'opposer à sa restauration, quand la lassitude du pays l'aura rendue possible, ce serait, consciemment ou non, consolider la République; — ce serait assumer la responsabilité des malheurs que ce régime dissolvant doit attirer sur la France; — ce serait renouveler la faute que certains monarchistes commirent en 1875, quand, pour éloigner du trône le prince le plus digne de régner qui fût jamais, ils votèrent la Constitution du 25 février (1).

(1) « M. Bocher vota la Constitution de 1875 et se fit républicain par haine de l'Empire : « J'ai voté la République, disait-il en 1876 aux électeurs du Calvados, parce qu'elle formait le plus sûr obstacle aux revendications téméraires et aux coupables entreprises. » Cela veut dire que, par peur de voir le Prince Impérial débarquer à Boulogne, l'ami des princes con-

Ou la République ou l'Empire, — c'est le dilemme fatal : on n'y échappera pas (1).

Seule la République a pu détourner de l'Empire une partie de sa clientèle électorale. Seul l'Empire pourrait la lui reprendre.

Il y a dix ans, cette évolution salutaire s'accomplissait tout naturellement. Des conservateurs, aveuglés par leurs préventions de parti, constataient eux-mêmes, — mais avec douleur, — que les paysans « passaient du rouge à l'Empire » (2).

---

damna la France à M. Ferry. C'est là une des curiosités de l'histoire contemporaine. » (*Le Gaulois*, 7 juillet 1883.)

— « A un certain moment, pourtant, M. le comte de Paris s'est lancé dans la bagarre, inostensiblement à la vérité. C'était en 1874. Effrayé des progrès que faisait alors l'impérialisme renaissant, le prince jugea qu'il devait pousser au vote d'une constitution républicaine. M. le comte de Paris chargea alors un député disparu depuis de la scène politique de créer un mouvement libéral-républicain-constitutionnel. Ce travail dura un peu plus d'un an. On n'a peut-être jamais su dans le parti républicain quel coup d'épaule le prince avait donné à l'établissement de la Constitution du 25 février.» (*Le Matin*. Déclaration d'un ami de M. le comte de Paris.)

(1) « La royauté est plus morte aujourd'hui qu'elle ne l'était en 1799, qu'elle ne l'était en 1851. Et, ni en 1851 ni en 1799 ce n'est la Royauté qui a succédé à la République. Il est donc de toute évidence que ce ne serait pas elle qui lui succéderait aujourd'hui. Personne ne succèdera à la République parce que la République restera. Mais si jamais elle avait un successeur, ce serait, comme toujours, l'Empire. » (VACQUERIE, le *Rappel*, sept. 1884.)

(2) Dans une lettre, qu'un hasard indiscret livra à la publicité, un député du centre écrivait, en 1874, à l'un de ses collègues, membre du Gouvernement : « Nous sommes arrivés, non pas encore à l'époque de la catastrophe, mais presque au dernier moment où l'on peut agir pour la prévenir... Il y a un mois, il n'y avait pas un dixième de bonapartistes dans mon département; aujourd'hui, les paysans passent du rouge à l'Empire.. Peut-être peut-on encore arrêter le courant; certes d'ici à très peu de temps cela sera devenu impossible. Que faire? Il y a deux mois, il aurait suffi peut-être d'un discours très ferme du duc de Broglie pour protéger le septennat contre toute attaque. Aujourd'hui

M. Gambetta ayant déclaré, à cette époque, que les efforts du parti royaliste, abandonné par le suffrage universel, ne l'inquiétaient guère ; que « la lutte finale aurait lieu entre les deux formes de la démocratie, la République et l'Empire », un journal légitimiste de Marseille, le *Citoyen*, lui répondait ironiquement :

N'en déplaise au tribun, cette distinction n'existe qu'en théorie. La pratique en effet nous prouve que les électeurs radicaux deviennent bonapartistes du jour au lendemain. Ce qui s'est passé dans la Nièvre en est la preuve... Grattez le républicain vous trouverez le bonapartiste.

Qu'en grattant le paysan, devenu républicain ou se donnant comme tel, on trouvât le royaliste, — sauf dans certains cantons du Midi ; — qu'on fît jamais passer la masse électorale « du rouge à la Royauté, » — ce serait folie de l'espérer. Entre le suffrage universel et le parti royaliste, la défiance, l'invincible défiance se dressera toujours comme un obstacle insurmontable (1).

ce serait insuffisant ; les écluses bonapartistes sont lâchées et des paroles, quelques fermes et bien tournées qu'elles soient, ne changeront pas l'opinion publique, qui est convaincue du retour inévitable et prochain de l'Empire. Il faudrait un acte et un acte décisif. »

(1) Tout en conseillant à M. le comte de Paris de se rendre possible en faisant des concessions à la démocratie, le « vieux Philippiste » du *Figaro* nomme celle-ci « la puante et encombrante démocratie ».

Comprenant quels sentiments elle inspire au parti royaliste, la démocratie les lui rend. En 1873, pendant qu'à Versailles on préparait le rétablissement de la Monarchie, le *Journal de Lyon*, très hostile à l'Empire, publiait une lettre, où un de ses rédacteurs, après avoir parcouru plusieurs départements, écrivait : « Vous n'avez, dans les villes, aucune idée de l'état réel des esprits dans les campagnes et de l'émotion qu'y soulève le projet d'une restauration. Essayez aujourd'hui de parler d'Henri V aux paysans ; vous verrez s'ils vous accueillent de la même façon que lorsqu'on leur parlait de Napoléon en 1851 !...»

Seuls, l'Empire et la République peuvent se disputer le cœur du peuple. Seuls ils savent lui parler... Mais quel langage différent ils lui tiennent !

L'Empire s'adresse à ses intérêts ; — la République à ses passions (1).

L'Empire fait appel à ses bons instincts et les développe (2) ; — la République sollicite ses mauvais penchants et les stimule.

L'Empire ouvre 33,000 écoles du soir fréquentées par 850,000 adultes et dont le clergé constate l'heureuse influence ; — la République multiplie les cabarets (3). L'Empire vide les prisons ; — la République les remplit. De 1850 à 1870 le nombre des crimes avait diminué de près de moitié (48 0/0) ; — Depuis dix ans il a plus que triplé ; c'est un journal officienx, le *Voltaire* qui l'avouait au mois d'août dernier (4).

(1) « Il faut servir le peuple dignement et sans s'occuper de lui plaire. La belle manière de le gagner, c'est de lui faire du bien. Rien de plus dangereux que de le flatter. » (*Napoléon I*er à *Sainte-Hélene.*)

(2) Employant tous les moyens pour y arriver, il provoque même le concours de ses adversaires politiques. Le 11 novembre 1860, M. le vicomte de Melun ecrivait à l'un de ses amis : « La grande affaire qui m'a occupé ces jours-ci est une négociation avec M. de la Gueronnière, l'archi-brochurier de l'Empire, relativement à la fameuse question de la propagation des bons livres et de l'organisation des Bibliothèques communales. Ces messieurs se montrent très accommodants, acceptant une Société entièrement indépendante, à laquelle ils donnent une subvention comme aux autres œuvres. »

(3) « Un de nos lecteurs, en feuilletant le Bottin a constaté qu'en 1864 la liste des marchands de vin au detail comptait *trente-neuf* colonnes. Or, sait-on combien il y en a aujourd'hui, moins de vingt ans après ? *cent trente-deux* colonnes! » (*Le Gaulois*, 1883.)

Il y a aujourd'hui plus de 380,000 cabarets en France. En une seule des dernières années, il n'en a pas été ouvert moins de onze mille !

(4) Les accusations de crimes capitaux, tombant de 238 à 163

L'Empire cherche à concilier le capital et le travail, les ouvriers et les patrons ; — la République les met aux prises ; c'est encore un ami du régime, le *National*, qui le constatait, il y a moins d'un an :

Aucune industrie, disait-il, aucun commerce, aucune entreprise ne peut résister à cette excitation officielle à la haine des classes déshéritées contre les chefs, les patrons et les capitalistes.

L'Empire s'attache la classe laborieuse en s'efforçant « d'améliorer sa condition matérielle et d'élever son moral »; en lui donnant comme modèle « un homme qui, de simple ouvrier du faubourg Saint-Antoine, était devenu l'un des premiers manufacturiers de France » ; en lui montrant « un noble but à atteindre et l'exemple de ceux qui ont conquis la fortune par le travail, l'estime par la probité, la gloire par le courage » (1). — La République la flatte, dans ses pires instincts, en vexant, en ravalant les classes supérieures. (2).

sous l'Empire, remontent sous la République jusqu'au chiffre prodigieux de 532 !

— « Si nous consultons la statistique criminelle de 1826 à 1875, nous en tirons deux conclusions: la première, c'est qu'à part les trois années qui ont suivi la révolution du 4 septembre, les progrès de l'aisance publique ont amené une diminution du nombre des crimes, alors que la population augmentait; la seconde c'est que la plus forte diminution s'est produite d'abord durant la première et surtout ensuite durant la seconde période du gouvernement impérial, de 1860 à 1870. » (*La Liberté*, nov. 1875).

— « Les attentats contre les personnes se multiplient à Paris avec une intensité inquiétante. On est surpris et humilié de constater que les lois et la police sont impuissants à empêcher les méfaits. » (*Le Siècle*, sept. 1884.)

(1) Discours de Napoléon III, à l'inauguration du boulevard Richard-Lenoir.

(2) Tel était notamment le but du projet de loi sur le service

L'Empire la conduit à l'égalité dans l'aisance. — La République, ne pouvant atteindre ce but, lui offre, comme consolation, l'égalité dans la misère (1).

L'Empire, c'est l'émulation. — La République, c'est l'envie.

Entre ces deux formes de la démocratie, — l'Empire la pliant, par la satisfaction de ses exigences légitimes au respect des grands principes sociaux, ou la République l'abandonnant à ses passions constamment surexcitées, — il faut choisir !

universel de trois ans, qu'un député de l'extrême gauche lui-même, M. de Lanessan, caractérisait en disant : « C'est comprendre l'égalité d'une singulière façon. C'est comme si on coupait la tête aux hommes de grande taille, parce qu'il y en a de petits ; comme si on écrasait les cerveaux intelligents parce qu'il y en a qui ne le sont pas. » Cette dernière opération paraîtrait d'ailleurs fort juste à certains républicains : « Ce que nous ne voulons pas, c'est l'aristocratie de l'intelligence, parce que c'est contraire a la justice, » disait un anarchiste dans une réunion tenue à Londres en 1872.

(1) Extrait d'une conversation entre un ouvrier et un rédacteur du *Temps* (rapportée par ce dernier journal) : « Les propriétaires nous mettent le couteau sous la gorge ; c'est bien le moins que nous les fassions danser un de ces jours. — Mais vous pourriez bien la danser aussi ? — Eh ! bien nous danserons ensemble. Si les maisons s'écroulent sur nous, nous serons sûrs qu'il y aura des carcasses de bourgeois dans les plâtras. » — Extrait d'une petite feuille anarchiste, *le Paysan Révolté*, publiée dans une bourgade de Provence, Saint-Pierre-des-Martigues : « Groupons-nous tous, les dirigés contre les dirigeants pour revendiquer nos droits, n'importe à quel prix. Fussions-nous obligés, en combattant, de tout brûler jusqu'à la plus humble chaumière et qu'on ne verrait plus devant soi qu'un vaste désert, notre sort à nous ne serait pas plus malheureux qu'il ne l'est actuellement ; nous, travailleurs, qui avons l'idée de la pratique de perfectionner la nature, nous construirons des huttes et des cabanes et les parasites jouisseurs, force leur sera de faire comme nous, de se créer des abris, de cultiver la terre, au lieu de se coaliser entre voleurs pour nous exploiter. »

M. de Tocqueville écrivait au mois de juillet 1851 :
« Le courant bonapartiste, s'il est détourné, ne peut
l'être que par le courant révolutionnaire. » L'alternative
est toujours la même ; les termes en sont seulement
renversés. C'est le courant révolutionnaire qu'il s'agit
aujourd'hui de détourner. Si l'on ne veut pas lui opposer
le courant bonapartiste, qu'on renonce à l'arrêter ; qu'on
se résigne à le voir tout submerger, tout emporter.
Écarter l'Empire c'est livrer à la République, c'est
livrer à l'anarchie ce qui reste encore debout ; c'est
consommer la ruine matérielle et morale du pays !

Nous ne prétendons pas que le régime impérial n'offre
à la critique aucune prise ; nous répéterons en terminant ces pages ce que nous disions en commençant :
que la politique n'est pas la recherche de l'absolu et
qu'il n'y a point en ce monde d'institutions parfaites.

Mais ce que nous prétendons, ce que nous osons
affirmer, — avec une conviction profonde et que chaque
jour qui s'écoule grave plus profondément en nous, —
c'est que le régime impérial est le meilleur des régimes
possibles; — c'est que, par son principe, par son caractère, par ses institutions, il offre seul un terrain pratique à la conciliation des intérêts et à la fusion des
partis ; — c'est qu'il pourrait seul grouper autour de lui
sept ou huit millions de suffrages et opposer cette
masse compacte aux revendications de la minorité
anarchiste.

Rappelant, en 1868, dans le *Temps*, les débuts du
règne de Napoléon III, M. Scherer faisait l'aveu suivant :

L'Empire est entré dans les affaires avec un capital considérable et tel qu'aucun autre gouvernement, depuis le Consulat, n'en avait eu de pareil à faire valoir. Les fautes de la République, la terreur des bourgeois, le nom de Napoléon, le verdict du suffrage universel... jamais on n'avait réuni autant d'éléments de force et de succès.

Le verdict du suffrage universel, le prestige d'un nom toujours cher aux masses, la terreur des bourgeois, les fautes de la République, tous ces éléments de la force et du succès du second Empire, le troisième les retrouverait naturellement, et il aurait sur celui-ci ce précieux avantage qu'il parviendrait vite à rallier tous les groupes conservateurs.

Comme la Restauration, comme le Gouvernement de Juillet, l'Empire s'est vu ouvertement attaqué ou sourdement miné par une fraction des classes supérieures (1), cherchant à le renverser pour lui substituer le gouvernement de leur choix, et la fronde des salons ne fut

(1) « La société et la littérature offraient alors un amalgame assez singulier. Les salons faisaient *chorus* avec la rue. Tout ce qui pouvait être désagréable à l'Empereur et à son entourage, tout ce qui pouvait saper l'Empire dans ses origines et l'invalider dans son avenir rencontrait un égal accueil auprès de la démocratie qui attendait son heure et de la bonne compagnie qui s'apprêtait à manquer la sienne. » (A. DE PONTMARTIN.)

— « Ç'a été la fatalité de notre époque et de notre pays qu'à deux reprises les hommes les plus considérables par leurs talents, leurs vertus, leurs scrupules de patriotisme et d'honneur aient fait presque cause commune avec de misérables ouvriers de démolition et de désordre contre des gouvernements dont l'avenement avait été peut-être un malheur, mais dont la chute ne pouvait qu'être escortée de malheurs encore plus redoutables. Comment ne pas éprouver aujourd'hui une sensation d'anxiété et de malaise, lorsque nous reconnaissons qu'en croyant combattre le mal, nous nous sommes faits les inconscients complices du pire, quand nous voyons à quelles arrière-pensées scélérates, à quelles monstruosités d'ambition et d'égoïsme, à quel souffle d'athéisme, à quel esprit d'adjection, de destruction et de ruine nous avons livré passage ? » (*Du même.*)

pas sa moindre difficulté. L'Empire restauré ne la subirait pas longtemps. Après avoir, pendant quelques semaines, pendant quelques mois, pesté contre son avènement, faisant échec à leurs espérances, les royalistes reconnaîtraient que cet échec est définitif ; que la suite des événements ne pourrait leur rendre une occasion comme celles dont ils n'ont pas su profiter ; qu'au lieu de se cantonner dans une opposition stérile et vaine, ils serviraient plus utilement leur pays en prenant place dans le grand parti du gouvernement national, pour chercher à y faire prévaloir leurs idées.

De ce grand parti, dont ils seraient l'aile droite, les conservateurs égarés dans la République et déjà bien revenus de leurs chimères formeraient l'aile gauche. L'armée de l'ordre, dont les longues divisions nous ont fait tant de mal étant ainsi reconstituée, tous les adversaires naturels de la révolution sociale s'étant ralliés sous le même drapeau pour la combattre, on pourrait alors, sans péril, refaire une part plus large à la liberté.

En saisissant l'unique instrument de salut qui ne doive pas se briser dans leurs mains, les hommes modérés des divers partis, ceux chez qui la passion du bien public domine tout autre sentiment, feraient acte de clairvoyance et de patriotisme. Nous sommes convaincu qu'ils ne tarderont pas à le comprendre.

TABLE DES MATIÈRES

Paris.-Imp. PAUL DUPONT, 41, rue Jean-Jacques-Rousseau 2279.10.84 R

www.ingramcontent.com/pod-product-compliance
Ingram Content Group UK Ltd.
Pitfield, Milton Keynes, MK11 3LW, UK
UKHW020206130726
13696UKWH00002B/748